Ulrike Zellerhoff

WEGE AUS DER TRENNUNG

ZUR AUTORIN:

Ulrike Zellerhoff, im April 1967 geboren und aufgewachsen in Düsseldorf als waschechtes Stadtkind mit enger Anbindung an die Natur. Immer aufmüpfig und unglücklich mit dieser Welt, suchte sie früh einen Weg, etwas nachhaltig zu verändern. Dies äußerte sich schon mit 13 Jahren im Interesse an den Vorgängen dieser Welt, dem Aktiv werden in Schule und politischen Gremien.
1986 Wegzug aus der Stadt ins tiefste Ostwestfalen, Heirat und der Beginn einer über 10-jährigen Zeit als aktive Umweltschützerin im ökologischen Landbau.

Mit der Trennung von Ihrem Mann im Herbst 1999 entschloss sie sich, diesem Leben endgültig den Rücken zu kehren und sich ihre eigenen, unabhängigen Lebensziele zu setzen.

Heute arbeitet sie als psychologische Beraterin mit den Schwerpunkten:
➢ Trennung und Scheidung
➢ Selbstbewusstsein – Selbstentwicklung - Selbstentfaltung
➢ Erziehung

Sie ist Autorin von Sach- und Fachbüchern, sowie Märchen, Gedichten und Kinderbüchern und lebt mit ihren drei Söhnen in einem kleinen Dorf in der Nähe von Hannover.

bisherige Veröffentlichungen:

erfolgreich(e) Seminare konzipieren, Grin 2011, ISBN 978-3-640-94476-7

unter dem Pseudonym U.Z. Milan:

Traumwirklich- Gedichte und mehr…, BOD 2011, ISBN 978-3-8423-7295-5
Der Wirsing- ein Märchen, BOD 2011, ISBN 978-3-8423-7548-2
Bauer Karl will auf den Acker gehen, BOD 2011, ISBN: 978-3-8423-7569-7

Websites:
www.trennung-beratung.de
www.wege-aus-der-trennung.de
www.u-z-milan.de
www.u-z-milan.bodautor.de

WEGE AUS DER TRENNUNG

Ulrike Zellerhoff

Bibliographische Information der Deutschen Nationalbibliothek:
Die Deutsche Nationalbibliothek verzeichnet diese Publikation in
der Deutschen Nationalbibliographie; detaillierte bibliographische
Daten sind im Internet über http://dnb.d-nb.de abrufbar.

Titelfoto: Jonas Rahm

Herstellung und Verlag: Books on Demand GmbH, Norderstedt
ISBN: 978-3-8448-0318-1

Danksagung:

Mein Dank gilt allen meinen ehemaligen Partnern.
Ich habe von und durch Euch viel lernen können,
vor allen Dingen über mich selbst.

Danke auch an meine Familie für die Geduld
und das Verständnis meiner zwischenzeitlichen
Nicht-Verfügbarkeit. Ich liebe euch sehr.

Einen herzlichen Dank an meine Korrekturleser.
Durch euch bekommt das Buch den letzten Schliff.

Mein besonderer Dank gilt meinem Vater,
der als Familienrichter es sich immer sehr
zu Herzen nahm, eine für die betroffenen Kinder
bestmögliche Entscheidung zu finden.
Dies hat mich seit früher Kindheit tief beeindruckt.

Vor allen Dingen möchte ich mich aber bei
meinen Klienten bedanken.
Viele Gesichtspunkte aus unseren zahlreichen
Gesprächen sind in dieses Buch mit eingeflossen.

Lisa saß an ihrem Schreibtisch und träumte. Sie sah aus dem Fenster, in der Wolkendecke war ein kleines blaues Loch.

Lisa träumte sich hindurch in den hellen Sonnenschein. Es war doch so einfach der düsteren Welt zu entfliehen. Ein Blick aus dem Fenster reichte.

Aber leider war es doch nicht so leicht.

Lisa seufzte, drehte sich um zu ihrem kleinen Sohn, der Zähne bekam und Windpocken und einfach nicht einschlafen wollte.

Die Traurigkeit der letzten Wochen fiel über Lisa her.

‚Ich habe nur ein Gefängnis gegen das andere getauscht.‘, dachte sie und war den Tränen nahe. Sie hatte Sehnsucht nach Vertrauen, Liebe und Anerkennung.

Leise stand sie auf, was ihr Sohn mit Gebrüll belohnte und legte sich die erste Platte von Herman van Veen auf. Leise summte sie die melancholischen Lieder mit, während ihr Sohn leicht quengelnd zu spielen anfing.

‚Warum habe ich nicht gefunden, was ich suchte?‘, fragte sich Lisa.

Und sie dachte an längst vergangene Zeiten.

An die Zeit, in der sie keine Lust mehr hatte, zur Schule zu gehen und allem entfliehen wollte.

Dort am Schreibtisch saß und sich fort träumte aus dieser düsteren Welt – durch ein kleines Loch in der Wolkendecke bis weit in das helle Licht hinein, wo alles leicht und einfach war.

Was hatte sie nur falsch gemacht?
Sie war doch so glücklich...

?

---

[1] Milan, U.Z., Traumwirklich- Gedichte und mehr..., S. 19-20, Norderstedt, BOD, (2011)

INHALT

Eine Trennung ist fast immer schmerzlich und geht meist mit einem Gefühlschaos einher. So sind widerstreitende Gefühle wie Angst, Hoffnung, Trauer, Wut, Verzweiflung etc. zeitgleich und in wechselnder Intensität vorhanden.

Man weiß nicht, wie es weitergehen soll und kann den eigenen Weg nicht mehr klar sehen, geschweige denn gehen.

Auch ist in der Regel eine Trennung kein klarer Schnitt, der schnell vollzogen werden kann, sondern eher ein sehr vielschichtiger Prozess, der sich in manchen Teilbereichen über einen langen Zeitraum erstrecken kann.

Der Trennung voraus geht zumeist, mindestens von einer Seite aus, eine oft langanhaltende Unzufriedenheit mit der Partnerschaft. *„Ich kann dich nicht mehr ertragen!"*, *„Wenn Du dich nicht änderst, trenne ich mich von Dir!"*, sind übliche Gedanken oder im Streit geäußerte Sätze. Die Verantwortlichkeit für das Scheitern einer Beziehung wird nur zu gerne auf den Partner übertragen und es wird außer Acht gelassen, dass beide Partner für die Gestaltung einer Beziehung Verantwortung tragen.

Auftauchende Trennungsgedanken und -wünsche werden zu Anfang von Unzufriedenheitsphasen oft wieder verworfen, man bleibt zusammen wegen der Kinder, des Hauses, der gemeinsam geplanten Zukunft, aus Angst vor Neuem oder dem Alleinsein.

Viele Menschen flüchten sich in Tagträume, idealisieren die gemeinsame schöne Vergangenheit oder die ehemaligen gemeinsamen Zukunftsträume und realisieren nicht, „dass der Zug schon längst an ihnen vorbeigefahren ist".

Es findet keine konstruktive Auseinandersetzung mit den Unzufriedenheitsgefühlen statt, die zu einer gemeinsamen aktiven Handlung des Paares führen könnte.

Daher unterbleibt meistens der Versuch, sich über eine Paartherapie oder intensive Gespräche wieder anzunähern.

Hierdurch jedoch könnten die Standpunkte, Wünsche und Sehnsüchte beider Partner geklärt und von dem jeweils anderen besser wahrgenommen werden. Auf dieser Grundlage könnte sich das Paar entschließen, es noch einmal miteinander zu versuchen und sich zu versöhnen. Auch ist es natürlich möglich, dass sich die Entscheidung für eine vorübergehende oder auch endgültige Trennung herauskristallisiert.

Eine Krise in der Paarbeziehung kann jedoch selten als Chance für eine neue Grundlage der Partnerschaft gesehen werden.

Stattdessen gerät die Beziehung immer mehr in Schieflage, bis es zumindest einer der Partner nicht mehr aushalten kann und die Trennung vollzieht. Den anderen Partner trifft es dann häufig „wie aus heiterem Himmel", obwohl nach äußeren Anzeichen die Beziehung schon lange „auf Sturm stand".

Trennung ist immer ein aktiver Prozess, Selbstmitleid und die ausschließliche Fehlersuche beim Partner stehen einer wirklichen und tiefen Verarbeitung entgegen.

Erst wenn sich eingestanden werden kann, dass jeder Partner am Scheitern der Beziehung einen Anteil hat, ob nun z.B. durch Duldung oder Ausübung von tief verletzenden Verhaltensweisen, kann eine innere Klärung erfolgen.

Diese eröffnet den Weg, die oftmals als persönliches Scheitern empfundene Trennung in die eigene Historie zu integrieren und als Scheide- oder sogar Wendepunkt für den Start in ein neues eigenständiges Leben annehmen zu können.

Sie können in diesem Buch nicht nur Rat finden zu den gängigen Abläufen einer Trennung.

Zu Beginn können Sie tief eintauchen in die innere Fragestellung, was für Sie selbst der Begriff „Liebe" bedeutet und beinhaltet. Es gilt die inneren Erwartungen zu klären, was Sie von sich selbst, einem Partner und einer Partnerschaft erhoffen, wenn Sie lieben.

Der Umgang mit besonderen Situationen, und hierbei vorrangig der Bereich „Kinder und Trennung", nimmt einen weiten Raum ein. Es ist für Kinder existentiell wichtig, dass sie von der bestehenden Paarproblematik weitestgehend freigestellt werden.
Kinder brauchen und wollen vor allen Dingen eines: Die Liebe von und zu beiden Eltern.

Die Auseinandersetzung mit den als „Fallstricke" bezeichneten Problematiken und den dahinterstehenden inneren Glaubenssätzen, verinnerlichten Wertvorstellungen und gesellschaftlichen Normen, die eine Trennung erschweren oder blockieren können, stellt einen weiteren Schwerpunkt dieses Buches dar.

Auch ist die Verarbeitung einer Trennung, und somit letztlich der Weg zu einer Aussöhnung mit dieser, ein wichtiger Bestandteil.

Zudem können Sie in dem Buch auch ein Stück weit Trost finden.

Anhand einiger einfach durchführbarer Gedankenspiele und Übungen können Sie lernen, sich von etlichem unnötigen Ballast freizumachen, sowie neue Handlungsmöglichkeiten für sich selbst und Ihre persönliche Situation zu entwickeln.

Und doch macht dieses Buch vor allen Dingen eines:

Es führt Sie immer wieder auf sich selbst zurück.

Der Schlüssel für den Weg, (wieder) zu sich selbst zu finden und den eigenen Lebensweg für sich zu beschreiten, dieser Schlüssel liegt in Ihrem Inneren und nirgend sonst.

Dieses Buch möchte Sie einladen, sich auf eine Reise zu sich selbst zu begeben.

Diese Reise ist stellenweise enorm anstrengend, zwischenzeitlich immer mal wieder begleitet von tiefer Traurigkeit und doch schwebt über allem die Hoffnung, das Glück in sich selbst finden zu können.

So gilt es, sich immer wieder einer tiefen Innenschau zu stellen, die einen befähigen kann, für sich selbst zu erkennen, was man sich wirklich wünscht, wonach man sich im tiefsten Inneren sehnt, was man für sich selber braucht und auch was man von einem Partner und einer Partnerschaft erwartet und überhaupt erwarten kann.

Diese Reise ist wichtig, damit Sie sich selbst in die Lage versetzen können, Ihren eigenen Anteil am Scheitern einer Beziehung zu erkennen, Ihren inneren Frieden damit schließen zu können und neue, eigene und selbstbestimmte Wege zu beschreiten.

Und zwar unabhängig davon, ob Sie sich mit Ihrem Partner versöhnen, beschließen alleine zu bleiben oder eines Tages eine neue Partnerschaft eingehen wollen.

Der Buchtitel „Wege aus der Trennung" ist im wahrsten Sinne des Wortes doppeldeutig gemeint:

Wie können Sie aus der Situation der Trennung von einem Partner bzw. einer Partnerin so heraus kommen, dass Sie sich wieder wohl fühlen können: → in sich, → für sich, → mit sich

und

wie können Sie aus einer inneren Trennung von Ihren tiefen Gefühlen und Sehnsüchten heraus kommen und sich (wieder) mit sich selbst verbinden, so dass Sie, so gut es Ihnen möglich ist, Sie selbst sein und sich selber leben können.

im Dezember 2011 Ulrike Zellerhoff

Anmerkung:
In diesem Buch wird in unregelmäßiger Reihenfolge die männliche oder weibliche Form benutzt. Es sind aber immer beide Geschlechter gemeint. Gleichermaßen wird bei den Kapiteln über Trennung und Kinder mal von dem Kind oder von den Kindern gesprochen.

KAPITEL 1

GRUNDLEGENDES

Über die Liebe

Beginnen wir mit einer, wenn nicht der grundlegenden Frage:

Was ist Liebe?

Liebe ist ein Gefühl und Bedürfnis zugleich.
Gefühle und Bedürfnisse bestimmen unsere Realität,
denn sie leiten und begleiten uns durch unser Leben.

Wir Menschen sind soziale Wesen und leben in, mit und durch Beziehungen zu unserer Umwelt. Wir brauchen in der Regel soziale Kontakte und Bindungen, denn in diesen können wir uns widerspiegeln und selbst erkennen. Liebe ist die intensivste und tiefste Form einer sozialen Bindung.

Überdies ist Liebe ein Gefühl und ein Bedürfnis, welches verschiedene Bereiche unserer persönlichen Integrität berührt. So soll die Liebe unser Bedürfnis nach sozialer Zugehörigkeit, Geborgenheit, Schutz, Wahrnehmung und Anerkennung der eigenen Person ebenso befriedigen, wie uns ein Gefühl von Zufriedenheit, Sicherheit und Glücklichsein vermitteln.

Normalerweise erlebt ein jeder Mensch von klein auf den Schutz sowie die Zuneigung und Geborgenheit der Mutterliebe. Unsere Mutter trägt uns unter Ihrem Herzen und sind wir geboren, dann werden wir geliebt, wie wir sind und eben weil wir sind.

Dieses kleine Wunder Mensch wird zu Beginn von den Eltern meist auch ein Stück weit als Teil der eigenen Person geliebt. Diese symbiotische Form der Liebe löst sich aber in der Regel nach und nach ein Stück weit auf. Mit wachsender Selbständigkeit wird das Kind mehr und mehr als eigenständige Person wahrgenommen.

Die Meisten von uns machen jedoch schon früh die Erfahrung, dass die Liebe (der Eltern) an Bedingungen geknüpft ist.

Viele Menschen können nicht trennen zwischen dem: *„Ich liebe dich, weil du bist!"* und dem erwünschten bzw. geforderten Verhalten. So wird oftmals ein vermeintliches Fehlverhalten (des Kindes) mit Liebesentzug gestraft.

„Wenn du das und das machst, oder dieses und jenes nicht sein lässt, dann hab ich dich nicht mehr lieb.", sind frühe Prägungsmuster, die wir mit in unser Erwachsenenleben tragen.

Diese frühen Prägungsmuster beeinflussen unser Verständnis davon, wie sehr wir uns anpassen müssen, um geliebt zu werden, ja überhaupt geliebt werden zu können, liebenswert zu sein.

Wir alle sehnen uns danach, geliebt zu werden, wie wir sind: Ohne Wenn und Aber, mit all unseren Stärken und auch mit all unseren Schwächen und Unzulänglichkeiten.
Da wir jedoch oft bewusst oder unbewusst die Angst haben, dass uns unsere eigenen Macken nicht gerade liebenswert erscheinen lassen und uns der Partner deshalb nicht wirklich lieben könnte, kann es schnell passieren, dass wir versuchen, etwas zu kaschieren. So zeigen wir uns aus Schutz vor Ablehnung durch den Anderen gar nicht erst in all unseren Facetten.

Nicht selten stecken wir sogar in einer Art Zwickmühle:
Ein jeder von uns hat etwas, das er an sich selbst nicht besonders mag oder sogar verabscheut. Wir wünschen uns, geliebt zu werden, wie wir wirklich sind, aber wir finden uns selbst beispielsweise in unserem übergewichtigen Körper oder in unserer Verhaltensweise, schnell eingeschnappt zu sein, nicht gerade liebenswert.

Wie soll dieses dann erst ein Partner liebenswert finden können. Und selbst wenn einem die Partnerin ihre Liebe immer wieder beteuert, ist der Glaube daran getrübt.

Und so stellt Ihnen Ihr Unterbewusstsein gerne immer mal wieder folgende Frage: *„Darf der Partner mich überhaupt wirklich so lieben, wie ich tatsächlich bin?"*

Und selbst wenn Sie sich noch so sehr nach dieser umfassenden Liebe durch einen Partner sehnen:
Lehnen Sie sich selber in dem einen oder anderen Punkt ab, was erwarten Sie dann von Ihrem Partner?

Stimmt er Ihnen in der Verneinung bzw. Ablehnung eines Teils
von sich selbst zu, dann entsteht schnell das Gefühl, dass er Sie
nicht wirklich liebt.
Stimmt er Ihnen nicht zu, dann können Sie ihm vermutlich nicht
wirklich glauben.

Übung I: Das Alles gehört zu mir

Nehmen Sie sich ein wenig Zeit für sich selbst...

Versuchen Sie, sich diese größtenteils unbewussten
Vorgänge in Ihr Bewusstsein zu holen.

Sie können und dürfen mit Ihrer Körperlichkeit,
Ihren Verhaltensweisen oder anderem hadern.

Sie brauchen diese nicht toll zu finden.

Machen Sie sich ruhig eine Liste.
Oder stellen Sie sich vor den Spiegel.

Einzig entscheidend ist, dass Sie diese,
für sich selbst als negativ empfundenen Punkte,
als Teil Ihrer selbst annehmen.

Es gehört zu Ihnen...

Können Sie sich selbst annehmen,
wie Sie sind,
so können Sie auch zulassen,
dass Ihr Partner Sie so lieben darf,
wie Sie wirklich sind.

Diese Aussöhnung mit sich selbst bringt Sie dazu, sich annehmen
zu können in all Ihren Facetten.
Sie brauchen Ihre Verhaltensweisen, Ihren vermeintlichen körperlichen Makel oder anderes, nicht toll zu finden.
Wichtig ist lediglich, dass Sie diese als zu Ihnen gehörend, als
einen Teil von sich selbst empfinden.

Darüber hinaus brauchen, sollten und müssen Sie natürlich nicht all Ihre innersten Geheimnisse vor einem Partner ausbreiten.

Ein jeder von uns hat das wichtige Bedürfnis, seine eigene und innere Unabhängigkeit ein Stück weit zu bewahren und seine eigene Gefühlswelt, seine Träume und Ideen für sich behalten zu können.

Doch zurück zu unseren frühkindlichen Prägungsmustern:
Diese beeinflussen ebenso unser Verständnis davon, was der Andere tun sollte bzw. muss, damit wir diesen überhaupt lieben können und auch damit wir uns von diesem geliebt fühlen. Also erwarten und erhoffen wir uns i.d.R. ein bestimmtes Verhalten von unserem Partner, welches ihn für uns erst wirklich liebenswert macht und uns das Gefühl des Geliebtseins vermittelt.

Doch wenn wir uns fragen (lassen), was wir eigentlich genau von unserem Partner und einer Beziehung erwarten, dann wird eine nähere Definition dessen meist recht diffus.

Einige Eckpunkte sind uns in der Regel ziemlich klar, wie z.B. dass uns der Partner treu sein sollte, uns nicht schlagen oder anschreien darf, gemeinsam mit uns seine Sexualität auslebt, sich um die finanziellen Mittel oder den Haushalt kümmert, für die Kinder da ist, sonntags mit uns frühstücken sollte etc.

Welche Erwartungen der Partner jedoch außer der Beziehungsicherheit, einem gewissen Maß an Geborgenheit und einem reibungslosen und teils rituellen Ablauf des gemeinsamen Lebens noch erfüllen soll bzw. zu erfüllen hat, ist uns meist nicht wirklich bewusst.

Diese unbewussten oder teilbewussten Erwartungen an den Partner und die Beziehung dringen häufig erst dann wirklich in unser Bewusstsein, wenn die Gefahr besteht, dass diese Erwartungen enttäuscht werden könnten oder tatsächlich bereits enttäuscht worden sind.

Und selbst dann bleiben sie oftmals noch recht diffus.

Haben Sie einen Partner, machen sie ruhig ein jeder diese Übung für sich selbst und vergleichen Sie diese hinterher.
Suchen Sie nach Übereinstimmungen und Unterschieden.

Nehmen Sie sich ein wenig Zeit für sich selbst und fühlen in sich. Schreiben Sie möglichst spontan folgendes für sich auf:

→   Was erwarte ich von (m)einer Beziehung?
    Was soll mir die Beziehung geben?

→   Was erwarte ich von (m)einem Partner?
    Was soll er mir geben?

→   Was glaube ich, erwartet (m)ein Partner von mir?
    Was soll ich ihm geben?

→   Was glaube ich, erwartet (m)ein Partner von der Beziehung?
    Was soll ihm die Beziehung geben?

→   Was bin ich bereit zu geben?

→   Welche Freiräume brauche ich für mich selbst?
    Was bin ich bereit, mir zu nehmen?

→   Welche Freiräume bin ich bereit, (m)einem Partner zu
    geben bzw. einzuräumen?

Mit Hilfe dieser Übung können Ihnen Ihre tatsächlichen Erwartungen und die dahinter stehenden Bedürfnisse, Wünsche und Sehnsüchte bewusster werden.

So wird möglich, dass Sie in einen klareren Dialog mit Ihrem Partner treten können, über das was ein jeder von Ihnen sich wünscht, was er für sich selber braucht und will.

Doch auch ohne einen Partner an Ihrer Seite bringt Sie diese Übung näher an Ihre eigenen Wünsche, Sehnsüchte und Ziele.

Spätestens dann, wenn Sie sich über Ihre eigenen Sehnsüchte, Bedürfnisse, Wünsche und Ziele ein wenig klarer geworden sind und damit begonnen haben, sich selbst in all Ihren Facetten anzunehmen, sollten Sie versuchen, aus den frühen, kindlichen Prägungsmustern auszusteigen.

Eine Liebe, die an Bedingungen wie gewisse Verhaltensweisen oder ähnliches geknüpft wird, ist nicht frei, sondern abhängig.
Diese Form der Liebe stellt vor allen Dingen erst einmal die funktionale Erfüllung einer geforderten Erwartung sicher.
Wird diese geforderte Erwartung nicht erfüllt, entsteht hierdurch emotionaler Druck. Dieser kann sich äußern als Angst, nicht mehr geliebt zu werden, nicht mehr liebenswert genug zu sein.
Auch stellt diese Form der Liebe den Geliebten immer wieder vor die Wahl, sich anzupassen und ggf. ändern zu müssen, um geliebt zu bleiben, überhaupt (noch) geliebt werden zu können.

Doch:
Wenn ich liebe und die vermeintlichen oder tatsächlichen vorhandenen Erwartungen meines Geliebten an mich, meine Liebe zu ihm und an meine Sicht auf unsere gemeinsame Beziehung erfüllen will, dann möchte ich dieses aus freien Stücken und von ganzem Herzen tun.

Eben weil ich es will und eben weil ich ihn liebe.

> Denn haben nicht beide Partner das Recht
> und ist dieses nicht eigentlich
> der tiefe Sinn einer Partnerschaft,
> dass beide sich selbst möglichst
> in allen Facetten leben können
> und dabei geliebt werden, wie sie sind
> und den jeweils anderen so lieben, wie er ist?

Von Traumfrauen und Herzensmännern

Es waren einmal...

eine arme Prinzessin und ein mutiger Prinz, der allen Widrigkeiten trotzt, um seine Liebste zu erretten, sie zu seiner Gemahlin zu machen und mit ihr den Rest ihres gemeinsamen Lebens in wahrer Glückseligkeit zu verbringen.

Solche Märchen und andere romantische Geschichten begleiten uns seit unserer frühesten Kindheit. So wundert es nicht, dass viele Liebesgeschichten zu Bestsellern werden und deren Verfilmungen Kinosäle füllen. Zudem rühren solche Liebesgeschichten an unseren heimlichen Traum, den **einen** Partner zu finden, der den anderen Teil des Ganzen bildet. Mit diesem können wir verschmelzen zu einer höheren Einheit – dem Wir. Doch wie vermutlich alle schon am eigenen Leib erfahren konnten bzw. mussten, ist eine solche symbiotische Verschmelzung nur in den kurzen Momenten gemeinsamer Ekstase möglich.
Ansonsten sind und bleiben wir Individuen.

Dennoch haben wir alle, ein jeder für sich, in seinen Träumen ein Idealbild eines „Mister" oder einer „Missis Right". Ein Idealbild, das uns vorgibt, wie diese beschaffen sein muss und auch was uns eine perfekte Beziehung zu geben hat. So sollen wir zueinander passen wie der sprichwörtliche Topf zum Deckel.
Unsere Partnerin soll nicht nur toll aussehen. Sie soll uns auch ergänzen, stützen, umsorgen und so lieben, wie wir sind. Sie soll uns erfüllen, glücklich machen und so weiter und so fort.

Treffen wir nun auf einen Menschen, der unserem Idealbild entspricht oder diesem zumindest nahe kommt und wir verlieben uns, dann kann es geschehen, dass wir diesen Menschen idealisieren.
Wir stülpen sozusagen unser Bild von einem Traumpartner über die reale Person und projizieren unser Traumbild in diese hinein. Die Dinge und Verhaltensweisen, die nicht wirklich in unser Traumbild passen, werden gerne verdrängt oder schön geredet.

Vielleicht erhoffen wir auch insgeheim, dass sich der Partner aus Liebe zu uns und somit für uns ändert.

Selten entspricht ein anderer Mensch in der Realität jedoch tatsächlich allen innersten Vorstellungen und Wünschen, die wir von einem Traumpartner haben.

Und so kann uns das Empfinden beschleichen, vor eine unbewusste Wahl gestellt zu sein, uns diesen Menschen sozusagen schönzureden oder aber zu versuchen, ihn für uns passend zu machen. Hierin liegt ein häufiger Grund für Zwistigkeiten, Nörgelei, Vorwürfe und handfesten Streit.

Anstatt sich gegenseitig mitzuteilen, was man sich wünscht und für sich selber braucht, bleibt ein jeder ein Stück weit in seiner Traumwelt gefangen und versucht bewusst oder unbewusst, den anderen dazu zu bewegen, endlich dem Idealbild zu entsprechen.

Doch niemand kann den Anderen ändern, außer ihm selbst.
Und dieser tut es bewusst nur dann, wenn er es für notwendig, sinnvoll und als unabdingbar erachtet. So geht dieser Versuch, den Anderen zu einer Veränderung seiner Verhaltensweisen und evtl. sogar seiner Persönlichkeit zu bewegen oder zu zwingen, oftmals schief und die Beziehung zerbricht.

Nach einer Trennung stellen wir uns dann unter Umständen auch die Frage, wieso wir uns schon wieder auf einen solchen Partner eingelassen haben. Denn manchmal lassen sich klare Parallelen, ja fast ein Muster erkennen.

Wenn auch dieser letzte Partner ein für sich eigenständiger und völlig anderer Mensch ist, ähnelt er doch vielleicht in gewisser Hinsicht, wie seinen Verhaltensweisen o.ä., seinen Vorgängern.
Hierbei ist nicht wirklich entscheidend, um welche Verhaltensweise oder welches Persönlichkeitsmerkmal es sich im Einzelnen handelt. Ob Sie immer wieder aufs Neue eine Partnerin an Ihrer Seite haben, die Ihnen wenig Freiräume lässt und schnell eifersüchtig wird, oder ob Sie sich immer wieder in Männer verlieben, die sich nicht eindeutig an Ihre Seite stellen und sich zu Ihnen als Partnerin bekennen, ist nicht wirklich relevant.

Die Fragen, die Sie sich stellen sollten, sind folgende:

→ Was hat das Ganze mit mir zu tun?

→ Wieso verliebe ich mich immer in diese Menschen, die mir auf Dauer nicht gut tun, weil sie mich einschränken in dem was ich will und für mich brauche?

→ Was kann ich für mich daraus lernen?

In den Menschen, mit denen wir umgehen und erst Recht in unseren intimen Partnern, spiegeln wir uns selbst. Und dieses Spiegelbild zeigt uns mitunter reichlich ungeschminkt, wo unsere eigenen Unzulänglichkeiten liegen.

So hat ein Mann, der sich selbst nicht treu ist, oftmals eine Partnerin, die ihn der Untreue verdächtigt, bezichtigt oder aber selbst untreu ist. Eine Frau, die sich selbst nicht vertritt und wertschätzt, hat nicht selten einen Partner an Ihrer Seite, der immer wieder versucht, sie unterzubuttern und niederzumachen und sich hierdurch selbst zu erhöhen.

Können Sie erkennen, was das Verhalten Ihres Partners mit Ihnen selbst zu tun hat und dass es Sie immer wieder auf Ihre inneren eigenen Problematiken zurückführt, bietet sich Ihnen hierin eine Möglichkeit, diese zu bearbeiten und sich zu ändern.

Wenn Sie spüren, dass Sie nicht wirklich glücklich sind mit dem Partner an Ihrer Seite und davon träumen oder es einfordern, dass dieser sich ändert, sollten Sie sich fragen, was Sie selbst verändern könnten. Und zwar verändern könnten an Ihrem eigenen Verhalten, Ihren Verhaltensmustern.
Haben Sie beispielsweise gelernt, sich selbst wert zu schätzen, dann lassen Sie sich nicht einfach mehr als dusselig, unfähig o.ä. bezeichnen. Denn das lassen Sie einfach nicht mehr zu.

Lernen Sie sich selbst zu vertreten, treu zu sein, wertzuschätzen oder anderes, wird sich das Verhalten des Partners entweder ebenfalls verändern, in dem er sozusagen „mitwächst".

Oder aber es kommt zum Bruch der Beziehung, weil diese dann einfach nicht mehr passt.

Auch ist es ist an jedem von uns, die Realität immer wieder mit unseren geheimsten Wünschen sozusagen abzugleichen.

Es ist sinnvoll, sich hin und wieder selbst zu fragen, was wir an unserer Partnerin tatsächlich lieben, was sie so reizvoll für uns macht:

→ Ist es dieser Mensch an sich, so wie er vor uns steht?

→ Können wir auch die Seiten von ihm annehmen, die nicht in unsere Traumvorstellungen passen?

→ Oder lieben wir in ihm in erster Linie das Bild, das wir auf ihn, in ihn projizieren?

Versuchen Sie Ihre Partnerin als das zu sehen, was Sie ist:
Sie ist ein realer und eigenständiger Mensch, mit wundervollen Seiten und Unzulänglichkeiten, - ebenso wie Sie.

Und ist bzw. wäre es nicht schöner, in der Realität zu leben mit einem Partner an der Seite, den man liebt und von dem man geliebt wird, als ewiglich einem Traum hinterherzujagen?

Zumal dieser Traum ja in erster Linie Erwartungen an den Partner stellt und nicht an Sie selbst.

ÜBUNG III: ANDERS TRÄUMEN

Nehmen Sie sich ein wenig Zeit für sich selbst...

Stellen Sie sich vor, der Traum Ihrer Partnerin zu sein.

→ Wie müssten Sie sein?

→ Was macht Sie für diese so einzigartig liebenswert?

→ Welche Verhaltensweisen sollten Sie haben?

→ Womit könnten Sie ihr eine Freude machen?

→ Womit Sie überraschen?

Diese Übung kann helfen, die vermeintlichen Erwartungen, die an einen selbst in einer Beziehung gestellt werden, ein wenig aufzulockern.

Stimmen die Ergebnisse dieser Übungen mit den bisher an sich selbst gestellten Erwartungen überein?

Schauen Sie sich evtl. vorhandene Unterschiede an und überlegen Sie sich, welche der vermeintlichen Erwartungen von Seiten einer Partnerin Sie ohne große Mühen erfüllen können und bei welchen Sie Schwierigkeiten haben. Vermutlich können Sie auch sehen, dass nicht alle Erwartungen leicht zu erfüllen sind und die eigene Person ein Stück weit auf die Erfüllung von Erwartungen reduziert wird.

Kann man dieses erkennen, fällt es leichter, sich selbst weniger durch die vermeintlichen Erwartungen des Partners in seinem Wesen auf diese zu reduzieren und reduzieren zu lassen.

Auch wird durch diese Erweiterung der Sichtweise eher möglich, den anderen so sein lassen zu können, wie er ist und ihn in seiner Gänze wahr- und anzunehmen.

In meinen Beratungen sind mir viele Menschen begegnet, die der Überzeugung waren, dass die Beziehung zu ihrem ehemaligen Partner der größte Fehler ihres Lebens gewesen sei.

Ich kann diese Gedanken natürlich nachvollziehen.

Und doch gilt es den Blick darauf zu lenken, was in dieser Beziehung wichtig war, wo die Streitpunkte lagen und vor allen Dingen, was man daraus über sich selbst gelernt hat.

Oftmals wird dieses einem erst lange Zeit später bewusst und doch ist es ein Schatz und Grundstock für das weitere eigenständige Leben.

Sind es nun die gemeinsamen Kinder, die es sonst nicht gäbe oder die Fähigkeit, sich durchzusetzen.

Es wäre anders und Sie wären anders, wenn Sie nicht mit eben diesem Partner zusammen gewesen wären.

Insofern war er zu dieser Zeit der durchaus richtige Partner für Sie, denn Sie sind an ihm und der Beziehung gereift.

Sie haben sich in seinem Spiegelbild sehen,
erkennen und weiterentwickeln können.

EINE FRAGE DER SELBSTDEFINITION

Normalerweise hat ein jeder selbständige Erwachsene im Laufe der Zeit sich seinen eigenen Platz in der Welt geschaffen und sich allein oder mit anderen in seinem Leben eingerichtet. Dieses ist uns Ankerplatz und meist auch Ruhepol. Hierüber definieren wir bewusst und unbewusst ein Stück weit unser Leben und teilweise auch uns selbst.

Nicht selten aber kommt es irgendwann in unserem Leben zu einer solch abrupten Änderung, dass Sicherheit und Existenz der bisherigen Lebenswelt bedroht oder komplett in Frage gestellt sind. Dabei kommen wir nicht selten sehr ins „Schleudern".

Ist die eigene Welt bedroht und nicht zu retten, stellt sich die Frage, was stattdessen kommt und sein wird, wie das eigene Leben weitergehen kann und soll. Kommt es z.B. nach einer tiefen Beziehung zur Trennung, bedeutet das in der Regel nicht nur das Ende der Liebe. So ist Trennung hier auch meistens gleichzusetzen mit dem Scheitern des eigenen und gemeinsamen Lebensentwurfes und der bisherigen Lebenswelt. Die damit verbundene Sicherheit und Verlässlichkeit ist oft auf einen Schlag entschwunden. So gilt es dann und man ist gefordert, sich den eigenen Platz im Leben neu und anders zu erschaffen.

Dies kann gelingen durch eine tiefe Auseinandersetzung mit sich selbst. Die Erkenntnis, wie man sich selbst zum bisherigen Leben und seinen Inhalten positionierte, eröffnet Räume für eine Neudefinition des eigenen Lebens und von sich selbst. Hat man sich selbst neu definiert, erweitern sich auch die Möglichkeiten, anders und neu ins Leben treten zu können.

Auch wenn es sehr schmerzhaft sein kann, sich z.B. eingestehen zu müssen, dass man den Partner und das Leben an seiner Seite in den eigenen Mittelpunkt gestellt und dieses so zu einer wichtigen Grundlage der eigenen Definition gemacht hat, gilt es diese nunmehr aufzugeben, denn sie hat keinerlei Bestand.

So ist es vielmehr an der Zeit,
sich zu überlegen,
was an dessen Stelle rückt.

Macht man sich den „Spaß" und fragt den einen oder anderen Menschen einfach einmal, wer er ist, werden die Antworten vielschichtig und teils sehr unterschiedlich sein.
Dennoch ist oftmals schnell herauszuhören, worüber sich das Gegenüber ein Stück weit definiert. Je nachdem, ob dieser nun seinen Beruf und damit ggf. seinen gesellschaftlichen Status, seine Elternschaft oder die Form seiner Partnerschaft, seine Zugehörigkeit zu einer Gruppe oder Kirche, seine ethnische Herkunft, seine sexuelle Neigung oder seine materiellen Werte in den Mittelpunkt der Aussage stellt, ist vermeintlich ein Stück weit erkennbar, wer der Gegenüber ist.
Doch in Wirklichkeit erfährt man vielleicht seinen Namen, seinen Beruf, etwas über sein Zugehörigkeitsgefühl zu einer Gruppe und über seinen gesellschaftlichen Status. Wir alle kennen in diesem Zusammenhang das klassische Beispiel der Arztgattin, die sich gerne mit Frau Doktor anreden lässt.

Natürlich braucht einem der Gegenüber nicht mitzuteilen, dass er ein Mensch ist, denn dieses ist ersichtlich. Auch ob es sich bei diesem um einen Mann oder eine Frau handelt, ist meistens sehr eindeutig erkennbar und i.d.R. nicht erwähnenswert. Selten erfährt man jedoch wirklich etwas Konkretes darüber, was den Anderen in seinem Innersten tatsächlich ausmacht.
Selbstverständlich ist nachvollziehbar, dass niemand seine Seele vor jedem Unbekannten entblößen möchte und diese hinter Äußerlichkeiten verbirgt.
Und doch gibt es nicht wenige Menschen, die bei sich selbst nicht wirklich hinter diese Äußerlichkeiten blicken können.

Sie versuchen vielmehr sich über ihren Beruf, gesellschaftlichen oder materiellen Status etc. selbst zu definieren.

Dem Gefühl, einer Gruppe zugehörig sein zu wollen bzw. zu müssen, kommt hierbei eine ganz besondere und wichtige Rolle zu.

Zu Beginn unseres Lebens sind wir grundsätzlich auf zumindest einen anderen Menschen angewiesen, der uns nicht nur nährt, wärmt und kleidet, sondern sich uns auch emotional zuwendet. Denn in den frühkindlichen Phasen wird der Grundstein gelegt für unser späteres Bestehenkönnen in der Welt.

Erweitert sich die Welt eines Kindes, taucht es aus der anfänglichen Symbiose mit seiner frühen Bezugsperson nach und nach auf in die sich aufbauende Erkenntnis der eigenen Selbstwirksamkeit und der Ichbildung. Dieses wird unterstützt durch sich erweiternde soziale Kontakte und Bindungen. So fühlt sich ein Mensch nach und nach und in wechselnder Intensität oder auch nur zeitweise verschiedenen Gruppen zugehörig, über die er sich mehr oder weniger auch ein Stück weit definiert.

Die Zugehörigkeit zu einer Gruppe bietet uns normalerweise ein Gefühl von Sicherheit und Verlässlichkeit, emotionaler Zuwendung und Anerkennung und erleichtert ein Zurechtfinden in den unendlichen Möglichkeiten der Lebenswelt.

Dieses Gefühl der Gruppenzugehörigkeit ist für nicht wenige Menschen jedoch existenziell so wichtig, dass Sie auch dann noch in einer Gruppe verbleiben, obwohl Sie dort weder anerkannt und wertgeschätzt werden, noch wirklich gut aufgehoben und sicher sind. Ein aufkeimendes Unwohlgefühl wird oft verdrängt und manches Mal auch durch einen besonderen Einsatz für die Gruppe zu kompensieren versucht.

Diese Menschen haben sich seelisch abhängig von ihrer Gruppe gemacht. Wenden sie sich eines Tages von ihr ab und wollen sich aus dieser lösen, dann haben sie meist das Gefühl oder sogar die Gewissheit, hierdurch die eigene Existenz zu verlieren. Dieser Gedankengang, sowie die damit verbundenen Gefühle und Ängste werden Ihnen unter den Überschriften „Das Wir-Gefühl als Ideal" und „Ich kann ohne dich nicht Leben!" tiefer ausgeleuchtet noch begegnen.

So sollten wir immer dann innehalten, wenn wir merken, dass wir beginnen, uns über eine Gruppe zu definieren.

Die Zugehörigkeit zu einer oder mehreren Gruppen ist für uns wichtig und sinnvoll, eine ausschließliche Definition über diese jedoch keinesfalls.

Unser Leben und unser Verhalten bestimmen sich auch zu einem großen Teil über verschiedenste Rollen, die wir übernehmen. Viele Rollen, wie z.B. ein Schüler zu sein, werden uns von der Gesellschaft zugewiesen, andere, wie beispielsweise ein Lehrer zu werden, freiwillig übernommen. Diese zu übernehmenden bzw. übernommenen Rollen unterliegen gewissen Rollenbildern, die uns zu einem großen Stück durch gesellschaftliche Normen und Wertvorstellungen vorgegeben werden. Diese erleichtern einerseits den sozialen Zusammenhalt von Gruppen und Gesellschaften und helfen den Mitgliedern einer Gemeinschaft dabei, sich in diese richtig eizufügen und den jeweils geltenden Regeln anzupassen. So hat ein Schüler zu lernen und seine Schulsachen vernünftig zu erledigen. Er sollte in der Schule aufmerksam sein, sich einbringen in den Unterricht und dem Lehrer respektvoll begegnen. Ein Lehrer hat die Schüler vernünftig anzuleiten, ihnen etwas beizubringen, soll den Unterricht interessant und anschaulich gestalten und seine Schüler wertschätzen. Anhand dieses Beispiels wird auch ersichtlich, dass Rollenverständnisse einem gewissen Wandel unterzogen sind. Wenn sich auch an der Tatsache nichts geändert hat, dass Schüler etwas lernen und Lehrer etwas lehren sollen, hat sich die Art und Weise, wie dieses geschieht, im Laufe des letzten Jahrhunderts sehr gewandelt.

Und doch besteht unser tägliches Leben in der Regel nicht nur aus einer einzigen Rolle. Stattdessen hat ein jeder von uns verschiedenste Rollen inne, die er parallel oder abwechselnd lebt bzw. deren Ansprüche er zu erfüllen hat. So mag ein Mann zu Hause ein liebevoller und nachsichtiger Vater sein, im Beruf als Vorgesetzter einer eigenen Abteilung jedoch sehr streng und unnachgiebig handeln. Auch ist er vielleicht zu Hause ein fürsorglicher Partner und im Sport der schärfste Konkurrent.

Gerne nehmen wir unsere Lieblings- oder aber die meist gelebte Hauptrolle auch als Grundlage für unsere Selbstdefinition.

Definiert man sich beispielsweise vorrangig als Mutter, steht im Hintergrund das gesellschaftliche Rollenverständnis und auch das, was man selbst persönlich damit verbindet. So ist man liebevoll und umsorgend etc., kann den Kindern klare Grenzen setzen oder lässt sich eher „um den Finger wickeln".

Egal welche Rolle Sie zur Selbstdefinition heranziehen und welche Eigenschaften Sie sich hierbei zuschreiben, stellt dieses immer nur, wenn auch vielleicht einen großen Teilaspekt Ihrer Persönlichkeit dar. Man ist eben nicht nur Mutter, sondern auch eine Frau und ggf. Partnerin, hat einen Beruf und geht dem ein oder anderen Hobby und Interesse nach.

So ist es nicht ganz einfach und wird uns selbst auch nicht wirklich gerecht, wenn wir versuchen, uns über das eigene Verständnis einer unserer Rollen zu definieren. Auch wenn wir durch die Rollenerwartungen ein recht klares Bild haben, wie wir sein sollten bzw. sind und uns damit identifizieren können, entsteht hierdurch noch kein wirklich klares Bild von dem eigenen Selbst.

Schwierig wird dieses vor allen Dingen dann, wenn die zur Selbstdefinition herangezogene Rolle und die mit dieser verbundenen Eigenschaften sowie Verhaltensweisen uns nicht wirklich entsprechen. So wird beispielsweise eine Lehrerin, die in ihrem Wesen eher schüchtern und nachgiebig ist, vermutlich Schwierigkeiten in ihrer Durchsetzungsfähigkeit bekommen, wenn Sie eine Klasse mit pubertierenden Jugendlichen zu unterrichten hat. Wenn sie sich aber mit dieser Rolle identifiziert und darüber definiert, empfindet sie sich selbst vielleicht als gute und durchsetzungsstarke Lehrerin. So wundert es nicht, dass sie die Reaktion der Schüler auf ihre tatsächlichen Verhaltensweisen evtl. nicht verstehen und einordnen kann. Möglicherweise kann sie diese nicht in Beziehung zu ihrem eigenen Verhalten setzen und sucht daher den Grund bei den Schülern.

Natürlich bringen wir uns auch in unseren gelebten Rollen mehr oder weniger selbst zu Ausdruck. So hat jeder ein individuell gefärbtes Rollenverständnis. Dennoch ist das Heranziehen einer Rolle für eine Definition von uns selbst nicht ausreichend.

→ In dem wir eine Definition von uns selbst nicht mehr weiter an unseren Status, eine Gruppe, die ein oder andere Rolle, den Partner, das Leben an sich etc. koppeln

→ oder sogar die Verantwortung komplett an diese delegieren,

→ sondern vielmehr tief in uns schauen, sind wir eher in der Lage, uns auf Grund dessen aus uns heraus neu zu definieren.

→ In der Verantwortung für sich und das eigene Leben ist ein jeder Mensch in erster Linie immer ein individuelles Selbst.

ÜBUNG IV ICH BIN → ICH SELBST

Nehmen Sie sich Zeit für sich selbst…

Wenn Sie mögen, nehmen Sie einen Spiegel zur Hand, stellen oder setzen sich vor diesen und fragen sich selbst bzw. Ihr Spiegelbild: „Wer bist du?"
Wenn sie möchten, schreiben Sie sich die Antworten auf.

Wie heißt du?
Wie nennen dich andere?
Wie nennst du dich selbst, wenn du an dich denkst und von dir sprichst?
Gibt es einen anderen Namen oder eine andere Bezeichnung für dich, die dir besser gefällt bzw. mehr entspricht?

Welchen Gruppen fühlst du dich zugehörig?
(Hier ist auch Familie, Paarbeziehung etc. gemeint)
In welchen fühlst du dich wohl, akzeptiert und gut aufgehoben?
Kannst du dort du selber sein?

Welche Rollen nimmst du ein?
Fühlst du dich in diesen wohl?
Kannst du in diesen du selber sein?

Womit identifizierst du dich?
Status, Beruf, Gruppe, Beziehung, Rolle

Worüber definierst du dich?
Status, Beruf, Gruppe, Beziehung, Rolle

Wer bin ich?

Wie bin ich außerdem noch?
Wie bin ich darüber hinaus?

Welche Eigenschaften habe ich?
Welche Verhaltensweisen zeige ich?

Wer bin ich außerdem?
Wer bin ich darüber hinaus?

Welche inneren Werte und Wertvorstellungen habe ich?

Was ist mir wichtig?
Bei mir selbst?
Bei anderen?
Für mich selbst?
Für andere?

Wer bin ich?
Bin ich wirklich ich, so wie ich bin?

Soll, brauche, muss ich etwas ändern,
um wirklich ich sein zu können,
wie ich bin?

Diese Übung kann Ihnen dabei helfen, sich das aus Status, Beruf, Gruppenzugehörigkeit, gelebten Rollen etc. gezogene Selbstverständnis besser zu verdeutlichen.

Überdies können Ihnen anhand dieser etliche hinter dem bisherigen Selbstverständnis liegende eigene Werte und persönliche Eigenschaften bewusster werden.

So dass Sie sich in Zukunft selbst recht klar und deutlich wie folgt definieren können:

„Ich bin in erster Linie Ich selbst.
Dieses und jenes macht mich aus.
Folgende Dinge und Werte sind wichtig für mich.“

Kapitel 2
Der Trennungsprozess

TRENNUNG ALS PROZESS

Wenn Sie sich gefühlsmäßig tief auf einen anderen Menschen eingelassen haben, dann braucht es in der Regel einige Zeit, bis Sie mit einer Trennung Ihren wirklichen Frieden schließen.

Dies geht nicht von heute auf morgen und manchmal kann es geschehen, dass auch noch Jahre später der ein oder andere Aspekt zum Vorschein kommt und auf eine abschließende Bearbeitung drängt.

Je länger eine Beziehung dauert, umso mehr Lebenszeit verbringen Sie mit diesem einem Partner an Ihrer Seite.

Das hat natürlich Auswirkungen auf den Status dieser Beziehung in Ihrer Lebensgeschichte. Je länger eine Beziehung gedauert hat, desto länger dauert in der Regel auch der Trennungsprozess.

Trennung ist eine spezielle Form des Trauerprozesses.

Im Unterschied zum Tode eines der Partner, gibt es bei einer Trennung den anderen Menschen nach wie vor und je nach Familienkonstellation sind auch noch gemeinschaftliche Aufgaben, wie die Erziehung von gemeinsamen Kindern, zu bewältigen. Hierdurch kann die Hoffnung auf Versöhnung oder einen Neuanfang evtl. noch lange existieren.

Nach dem Tod eines geliebten Partners ist diese Hoffnung irreal und kann daher eher abgelegt werden.

Ein Trennungsprozess läuft in mehreren Phasen ab, die aufeinander aufbauen. Jedoch ist es, gerade wenn eine Trennung noch frisch ist, völlig normal, dass man sich gleichzeitig auf unterschiedlichen Ebenen in verschiedenen Phasen befindet.

Auch ist dieser Prozess enormen Schwankungen unterzogen und es ist eher der Regelfall, dass man zwischenzeitlich sozusagen eine Phase nach unten rutschen kann, wenn z.B. die ehemalige Partnerin eine neue Beziehung eingeht. So kann man beispielsweise in der Lage sein, die gemeinsamen Kinder loszulassen, da man erkannt hat, dass diese den anderen Elternteil ebenso lieben. Zeitgleich ist man jedoch noch völlig verstrickt in dem Gefühl der Wut und ergeht sich insgeheim in Schuldzuweisungen.

Den Trennungsprozess zur Gänze zu durchlaufen, ihn bis zum Ende durchzustehen, ist nicht leicht.

Er ist meist mit sehr schmerzhaften Erkenntnissen, vor allen Dingen über sich selbst, verbunden. Man sollte bereit sein, sich zu trauen, in die eigenen Tiefen der Seele blicken zu wollen und diesen Anblick auch zu ertragen. Denn nicht alles, dessen man sich dort gewahr wird, ist wirklich angenehm.

Um dieses zu umgehen, versuchen nicht wenige Menschen dem Trennungsprozess und der damit verbundenen tiefen Auseinandersetzung mit sich selbst auszuweichen oder zwischendurch abzubiegen.

So erscheint es oftmals einfacher, sich in Schuldvorwürfen zu ergehen, als sich selbst eigene Fehler und Anteile am Scheitern der Beziehung einzugestehen. Aufkommendes Selbstmitleid hindert daran, wieder neu ins Leben treten zu müssen, und verdeckt die davor evtl. vorhandene panische Angst.

Viele Menschen versuchen unbewusst, durch ein schnelles Eingehen einer neuen Liebesbeziehung, den Schmerz nicht wirklich spüren zu müssen. Sie hoffen darauf, dass die neue Liebe sie davor erretten könnte und mit dem neuen Partner alles anders würde. Eine innere Auseinandersetzung mit den in der früheren Beziehung gemachten Fehlern und den eigenen Anteilen am Scheitern derselben wird auf diese Art ein Stück weit vermieden.

Wurde der Trennungsprozess jedoch vollständig durchlaufen, haben Sie sich vermutlich neu und in ungeahnten Tiefen kennenlernen können. Sie sind nun in der Lage, weitestgehend klar für und in sich selbst zu wissen, was Sie wirklich für sich brauchen und wollen, um glücklich oder zumindest zufrieden mit sich und Ihrem Leben sein zu können.

Jede Trennung birgt die Chance
→ sind Sie bereit, sich selbst zu begegnen.

Wer kennt dieses nicht: Wenn wir uns verlieben, dann finden wir manche Kleinigkeiten und Verhaltensweisen an unserem Gegenüber bezaubernd und sind regelrecht verzückt.
Doch im Laufe der Zeit klärt sich der Blick, wir sind wieder in der Realität angekommen und genau diese Kleinigkeiten oder Verhaltensweisen sind es, die uns dann fürchterlich nerven und regelrecht zum Wahnsinn treiben können.

Nicht selten entsteht im Laufe der Zeit ein diffuses Unzufriedenheitsgefühl, welches jedoch nicht wirklich greifbar ist.
Zu Beginn wird dieses gerne verdrängt und verleugnet, ist die Beziehung doch ansonsten ziemlich in Ordnung und alles läuft seinen geregelten Gang. Vieleicht bleibt ein schaler Nachgeschmack in Form einer Empfindung, wie beispielsweise, dass der Partner einen vielleicht nicht wirklich lieben könnte oder nicht richtig auf einen einzugehen vermag.
Doch selten wird dieses in einer ruhigen Minute verbalisiert. Eher kommt es in strittigen Situationen zu Gefühlsausbrüchen und Vorwürfen.

Diese Auseinandersetzungen könnten als Anlass dazu genommen werden, eine Klärung der Erwartungen und Wünsche eines jeden Partners anzuregen. Dieses wird jedoch meist nicht als Lösungsmöglichkeit wahrgenommen.
Haben sich nach dem Streit die Gemüter beruhigt, dann hat man sich wieder lieb und macht weiter wie zuvor. Die Streitpunkte werden ausgeblendet oder unter den Teppich gekehrt.

So aber staut sich dieses diffuse Unzufriedenheitsgefühl immer mehr auf und nicht selten geschieht es, dass sich wie aus heiterem Himmel einer der Partner zu einem anderen Menschen hingezogen fühlt. Hierdurch wird diesem schlagartig bewusst, dass ihm in der Beziehung zu seiner Partnerin etwas fehlt und merkt, dass er eigentlich schon lange nicht mehr richtig glücklich und zufrieden in seiner Partnerschaft war.

Er sieht im Außen, was ihm im Innen fehlt und auch hier gäbe es wiederum die Chance, sich den eigenen und den Wünschen, Bedürfnissen und Erwartungen des Partners zu stellen.

Doch bedeutet dieses ein hartes Stück Arbeit an sich selbst und ein hohes Maß an Offenheit der Partner zueinander. Auch müssten beide bereit sein, gegebenenfalls etwas an sich selbst zu ändern und mehr auf den Partner zuzugehen.

Oftmals erscheint es leichter, sich im Außen die Befriedigung der unerfüllten Wünsche und Bedürfnisse zu holen, in dem ein Verhältnis oder eine Liaison eingegangen wird.

Hierdurch jedoch entfernen sich die Partner nur noch weiter voneinander, es wird Misstrauen gesät und die innere Unzufriedenheit wird größer von Tag zu Tag.

Doch auch ohne einen äußeren Anlass kann es geschehen, dass dieses diffuse Unzufriedenheitsgefühl im Laufe der Zeit so sehr anwächst, dass einer oder beide Partner die Beziehung beenden wollen.

Wird die Trennung von einem der Partner ausgesprochen, bedeutet dieses nicht nur den Verlust eines zumindest ehemals geliebten Menschen. Mit einer Trennung ist gleichermaßen der gemeinsame Lebensentwurf gescheitert.
Ebenso werden in der Partnerschaft geschaffene Werte, wie z.B. ein Eigenheim, fast zwangsläufig in Frage gestellt.
Auch entsteht schnell die Angst, dass die gemeinsamen Kinder die Trennung nicht verkraften können.

Viele Menschen, deren Partner sich entschieden hat, die Beziehung zu beenden, haben das Gefühl, ihnen sei mal eben so jegliche Grundlage entzogen worden.
Ihnen ist im wahrsten Sinne des Wortes sprichwörtlich „der Boden unter den Füßen weggezogen" worden. Von einer Sekunde auf die andere ist plötzlich die bisher so sichere Zukunft in Frage gestellt und man findet sich schnell wieder in einem Strudel von Angst, Hoffnung, Verzweiflung und ggf. auch Wut.

Ist dieses der Fall, machen Sie sich bitte bewusst, dass Ihr Partner sich die Entscheidung für eine Trennung sicherlich nicht leicht gemacht hat.

Auch für ihn ist es ein in der Regel sehr schmerzhafter Prozess, den gemeinschaftlichen Lebensentwurf scheitern zu sehen.
Die Träume, Ziele und Hoffnungen, die er in die Beziehung mit Ihnen gesetzt hat, sind mit seiner Entscheidung für die Trennung zerplatzt. Ebenso wie Sie hat er vermutlich auch die Sorge, wie die Zukunft weiter gehen kann, was mit einem gemeinsamen Haus oder Ihren Kindern geschehen soll und wird.

Seine Zukunft ist gleichermaßen wage.

Der Unterschied zwischen Ihnen beiden besteht lediglich darin, dass der sich trennende Partner gewissermaßen einen kleinen Zeitvorsprung hat. Er ist sich eher klar geworden, dass es für Ihre Beziehung vermutlich keine gemeinsame Zukunft mehr gibt und konnte sich schon in Gedanken mit seinem weiteren Weg beschäftigen und Ideen hierfür entwickeln.

Die Frage nach dem „*Warum?*", ist hier eines der vorherrschenden Themen.

Das Nicht-Wahrhaben-Wollen der Trennung sowie das Nicht-Verstehen-Können, wieso der Partner jetzt plötzlich die Beziehung beenden will und die Trennung ausgesprochen hat, beherrschen meistens die Gedanken- und Gefühlswelt des verlassenen Partners.

Oftmals fühlt dieser sich „verraten und verkauft" und ist sich fast sicher, dass die Trennung ohne Vorzeichen und auch ohne Vorwarnung ausgesprochen worden ist.

Für ihn war in der Beziehung vermutlich alles in Ordnung oder aber die strittigen Punkte wurden als nicht so schlimm und relevant empfunden. Eine aufkeimende Ahnung über wirklich bestehende Problematiken und potentielle Trennungsgründe werden in dieser Phase oftmals verdrängt und geleugnet.

„Ein jeder hat mal Streit...; Der kriegt sich schon schnell wieder ein...; Sie wird schon merken, dass Sie ohne mich nicht klarkommt...; Wenn ich verspreche, mich zu ändern, kommt sie gewiss zu mir zurück...", sind gängige Gedankenspiele.

Der Verlassene ist sich fast immer sicher, dass der Partner das mit der Trennung nicht wirklich ernst meinen kann und hält nach wie vor an dem gemeinsamen Lebensentwurf fest.

Die Hoffnung, der Partner würde sicherlich noch bzw. wieder zur Besinnung kommen, ist für viele Menschen eine Möglichkeit, sich nicht auf die Realität der Trennung einzulassen.

Sie ergehen sich lieber in der Hoffnung und Sehnsucht, als die schmerzhafte Realität zuzulassen.

In dieser Phase wächst das Bewusstsein, dass die Trennung tatsächlich real ist und man nicht mehr darum herumkommt, sie als Faktum anzuerkennen. Dennoch kann dieses nicht so einfach hingenommen werden.

Die Frage nach dem Warum wurde in der Regel in der Phase der Leugnung nicht wirklich gelöst und nun ist das vorherrschende Gefühl, den Schuldigen für das Scheitern der Beziehung und des ehemaligen Lebensentwurfes eindeutig ausmachen und endgültig dafür verantwortlich machen zu können.

So ist diese Phase geprägt von Gefühlsausbrüchen.
Die bislang verdrängten Gefühle von Wut, Verzweiflung und Enttäuschung etc. bahnen sich ihren Weg und drängen nach außen.

Es ist dies die Zeit der gegenseitigen Schuldzuweisungen und Schuldvorwürfe, sowie des sogenannten Rosenkrieges.

In dem wir versuchen, dem anderen die Schuld für das Scheitern unseres Lebenstraumes zuzuschreiben, brauchen wir nicht die eigene Verantwortung für unser Leben und das Scheitern der Beziehung zu übernehmen. Gerne versuchen wir, dem Anderen Schuldgefühle zu machen und ihn oder sie auf diese Weise zu einem Schuldeingeständnis zu bewegen.

Manche Menschen hingegen nehmen von sich aus die ganze Schuld auf sich. Sie ergehen sich in Schuldgefühlen und versinken ggf. in Selbstmitleid. Hierdurch blenden sie den Anteil des ehemaligen Partners fast vollständig aus.

In der Phase des Gefühlsausbruches fällt es immer noch schwer, sehen zu können, dass beide Partner gleichermaßen einen Anteil am Scheitern der Beziehung und des gemeinsamen Lebensentwurfes haben.

Diese Erkenntnis ist noch so schmerzhaft, dass es einfacher ist, dem Anderen die Schuld dafür zu geben oder sie kurzerhand selbst zu übernehmen.

PHASE 4: LÄUTERUNG

In dieser Phase steht das *„Zurück geworfen werden auf das eigene Ich"* im Mittelpunkt.

Die Gefühlsausbrüche haben sich ein Stück weit reguliert und der Trennungsgedanke ist in Ihnen angekommen, Sie haben ihn wohl oder übel akzeptieren müssen.

Selbst wenn es manchmal noch sehr schmerzhaft ist, den gemeinsamen Lebensentwurf und die Partnerschaft loszulassen, ist jetzt die Zeit gekommen, sich aktiv mit den eigenen Anteilen am Scheitern der Beziehung auseinanderzusetzen.

Bitte bedenken Sie hierbei, dass es nicht um Schuld geht!

Wirklich schuldig machen Sie sich nur dann, wenn Sie bewusst oder grob fahrlässig Ihrem Gegenüber einen Schaden zufügen.

Dennoch haben Sie in der Beziehung sicherlich ebenso Fehler gemacht, wie Ihr ehemaliger Partner.

Vielleicht haben Sie ohne Rücksicht auf die Gefühle des Partners nur Ihre eigenen Interessen verfolgt oder aber diesen an der Ausübung derselben gehindert, waren grundlos eifersüchtig, haben Ihre innere Unzufriedenheit an Ihrem Partner ausgelassen oder die Partnerin bei der Erziehung der Kinder nicht ausreichend unterstützt.

Jetzt ist die Zeit gekommen, mit sich selber sozusagen ins Gericht zu gehen und für sich selbst zu klären, welche Anteile ein jeder Partner am Scheitern der Beziehung wirklich hatte.

Die Schuldzuweisungen durch den Partner werden kritisch unter die Lupe genommen:

→ Womit könnte er tatsächlich Recht haben?
→ Wo ist etwas Wahres dran?
→ Worin liegt mein eigener Anteil?

Ebenso sind die eigenen Schuldvorwürfe an den ehemaligen Partner kritisch zu untersuchen:

→ Womit habe ich Recht?
→ Was davon stimmt?
→ Was wurde aus der inneren Verletzung heraus in den Raum gestellt?

Auch ist es wichtig, sich mit den eigenen Schuldgefühlen auseinanderzusetzen:

→ Warum habe ich diese?
→ Worauf beziehen sich diese?
→ Sind diese tatsächlich real?
→ Übernehme ich zu viel Verantwortung, die nicht wirklich die meine ist?

Besonders schmerzhaft und heilsam zugleich ist die innere Auseinandersetzung mit den eigenen in der Beziehung gemachten Fehlern:

→ Was habe ich falsch gemacht?
→ Wo hätte ich achtsamer sein können, sollen, müssen?
→ Was hätte ich anders machen sollen, können, müssen?
→ Was hätte ich gebraucht und wie hätte ich das klar und deutlich zeigen können?
→ Wieso konnte ich mich nicht klar positionieren und für mich selbst einstehen?
→ Wie kann ich das hinbekommen, dass ich dieses ab jetzt kann?

Diese und ähnliche innere Fragestellungen können richtungsweisend für die Zukunft eines jeden sein.

Durch die Besinnung auf selbstgerichtete Wünsche und die Überlegungen, wie das eigene Verhalten zu ändern sein kann, lassen sich eigene und von der Person des ehemaligen Partners unabhängige Ziele entwickeln.

In diese Phase steht der Entwurf einer selbstbezogenen Zukunft als wichtige Aufgabe im Raum.

Sie sind aufgefordert, für sich selbst eine eigene Zukunft zu entwickeln und zu gestalten, die Ihnen ein gewisses Maß an Zufriedenheit bietet.

Neben der Klärung der finanziellen und wohnlichen Situation, einer verbindlichen Vereinbarung von Umgangs- und Unterhaltsregelungen für gemeinsame Kinder o.ä., steht hier die Auseinandersetzung mit einem neuen Lebensentwurf im Mittelpunkt.

→ Wie wollen und können Sie Ihr Leben unabhängig von Ihrem bisherigen Partner gestalten?

→ Wie wollen und können Sie zukünftig Ihr (Berufs)leben mit der neuen Situation in Einklang bringen?

→ Was wollen Sie für sich, unabhängig von einer Partnerschaft?

Sie haben gewiss das ein oder andere eigene Interesse, welches Sie zu Gunsten der Partnerschaft zurückgestellt haben. Vielleicht wollten Sie auch immer schon einmal dieses oder jenes ausprobieren, sind aber irgendwie nie dazu gekommen.

Jetzt ist die Zeit, sich zu überlegen, wie Sie all diese selbstbestimmten Wünsche und Ziele in die Tat umzusetzen können.

Es mag sein, dass Sie immer schon einmal lernen wollten, ein Musikinstrument zu spielen.
Wer sollte Sie daran hindern, eine Musikschule zu besuchen?

Oder aber Sie wollten schon lange mal wieder stundenlang mit Ihren Freundinnen Frühstücken oder mit den Kumpels um die Häuser ziehen.
Wer sollte schon der Ansicht sein, dies sei vergeudete Zeit?

Es ist sich völlig gleich, welche persönlichen Interessen Sie umsetzen möchten → entscheidend ist, dass Sie die einzig gültige Instanz dafür sind, wie Sie diese Ideen und Unternehmungen beurteilen und welchen Stellenwert Sie ihnen einräumen wollen.

In dieser Phase sind Sie aufgefordert, sich mit sich selbst zu versöhnen.

Sie haben die Trennung als Faktum anerkannt, sich mit Ihren eigenen Anteilen am Scheitern der Beziehung ebenso auseinandergesetzt, wie mit denen Ihres früheren Partners, haben den Entwurf einer selbstbestimmten Zukunft ersonnen und sind erste Schritte für sich selbst gegangen.

Dennoch ist der Gedanke an die zurückliegende Trennung und die einstige Partnerschaft für viele Menschen noch recht schmerzhaft. Wie gerne würden wir manches Mal beides aus unseren Erinnerungen für immer entfernen, es sozusagen regelrecht ausmerzen und am liebsten ungeschehen machen.

Doch ist dieses nicht möglich, weshalb so mancher kurzerhand auch die schönen Seiten der Beziehung zu negieren sucht, denn auf diese Weise kann sich leichter gesagt werden, dass alles ein einziger großer Fehler war.

Mit Sicherheit gab es einst jedoch gute Gründe, dass Sie sich genau diesen Menschen einst zum Partner wählten. Etwas an ihm oder ihr hat Sie dazu bewogen, sich zu verlieben und Sie waren bereit, sich auf eine Beziehung einzulassen.

Dieses sollten Sie nicht vergessen.

Es gehört zu Ihrem Leben und Sie wären nicht die Person, die Sie jetzt sind, wenn Sie nicht die positiven und auch negativen Erfahrungen mit diesem Menschen an Ihrer Seite gemacht hätten.

Diese ehemalige Partnerschaft gehört ebenso zu Ihrer Lebensgeschichte, wie auch die Erfahrung der Trennung.

Oftmals wird Trennung als ein persönliches Scheitern empfunden. Dieses gilt es anzunehmen und sich bewusst zu machen, dass Scheitern ein ganz normaler Vorgang ist.

Die Erfahrung des Scheiterns kann einem jeden Menschen widerfahren und davon geht die Welt normalerweise nicht wirklich unter.

Scheitern ist vielmehr eine Aufforderung, seine eigene Welt neu und so zu gestalten, dass man sich in dieser besser zu Recht finden und erfolgreich in ihr bestehen kann.

Nehmen Sie dieses an, dann können Sie die positiven und negativen Erinnerungen neutraler betrachten und als das sehen, was sie sind → Erinnerungen, an denen Sie sich freuen können oder über die sich immer noch Wehmut legt.

Es gehört zu Ihnen und es bleibt Ihnen Ihr Leben lang.

PHASE 7 EIGENSTÄNDIGKEIT

Sie haben den Trauerprozess durchlaufen, die Trennung und das Scheitern der Beziehung in den eigenen Lebenslauf integriert.

Sie schauen nun nicht mehr auf Ihren ehemaligen Partner und überlegen sich, was der wohl über Sie denken könnte, wenn Sie jetzt dieses oder jenes mit Ihrem Leben anfangen wollen.
Sie sind in der Eigenständigkeit angekommen, müssen sich nicht oder nur noch bedingt mit dem ehemaligen Partner arrangieren, z.B. wenn es um gemeinsame Kinder geht, und sind niemandem anderen Rechenschaft schuldig außer sich selbst.

Sie sind Gestalter Ihres eigenen Lebens, frei von der Schwere und den Unklarheiten in den Zeiten der Trennung.

Im Nachhinein haben Sie sich vielleicht selbst eingestehen müssen, dass auch Sie in der gemeinsamen Beziehung nicht (mehr) wirklich glücklich waren und dass auch Sie sich in dieser nicht selbst (aus)leben konnten.
Evtl. bringen Sie Ihrem einstigen Partner sogar fast ein Gefühl von Dankbarkeit entgegen, dass dieser den Anstoß zur Trennung gab und der Lösungsprozess hierdurch eingeleitet wurde.

**Sie sind in Ihrem neuen Leben angekommen,
eigenständig und innerlich frei.
Machen Sie daraus,
was immer auch Sie daraus machen wollen.**

PAARTHERAPIE, TRENNUNGSBERATUNG, MEDIATION

Ist es sprichwörtlich 5 min vor 12, kommen nicht wenige Partner auf den Gedanken, zur Rettung der Beziehung gemeinsam eine Therapie zu machen.

Doch oftmals ist der andere Partner innerlich schon weit entfernt. Trotzdem kann eine Therapie erfolgreich sein, wenn beide Partner die Bereitschaft zeigen, an sich zu arbeiten, sich neu aufeinander einzulassen und es doch noch einmal miteinander versuchen zu wollen.

Wichtig ist hierbei jedoch, Therapeuten und Berater nicht als Retter der Beziehung zu sehen, denn sie sind lediglich Begleiter.

Ihre Aufgabe ist es, Sie heranzuführen an die eigene und gemeinsame Problematik. Sie zu unterstützen, sich einander neu zu öffnen und ein jeder für sich selbst zu erkennen, ob Sie beide wirklich noch eine Chance für die Beziehung sehen. Auch begleiten Therapeuten und Berater Sie bei den ersten Schritten, sich gemeinsam oder einzeln eine neue Zukunft zu erarbeiten.

Sind die gegenseitig geschlagenen Wunden zu groß oder bei einem die Gefühle für den anderen Partner entschwunden, dann gilt es für sich selbst zu schauen, was einen überdies verbindet.

Ein mancher setzt andere Prioritäten und bleibt auch ohne partnerschaftlicher Liebe dennoch in einer Partnerschaft verankert.

Nicht selten wird im Laufe dieses gemeinsamen Bearbeitungsprozesses aus einer Paartherapie eher eine Trennungsberatung.

Denn wird erst im Laufe der Zeit oder ist es von Vornerein klar, dass sich mindestens einer der Partner nicht (mehr) in der Lage fühlt, die Beziehung zu leben und stattdessen eine Trennung will oder nicht um diese umhinzukommen glaubt, kann Beratung oder Therapie hilfreich sein, sich nicht gegenseitig zu „zerfleischen".

So kann diese helfen, die gegenseitige Achtung voreinander und vor sich selbst zu bewahren, um sich auch später noch in die Augen schauen zu können.

Manchmal merkt einer der Partner auch erst im Laufe der Trennung, dass er mit dieser Schwierigkeiten hat, die er nicht alleine zu lösen vermag.

Bleibt er an irgendeiner Stelle des Trennungsprozesses sozusagen hängen, kann es durchaus sinnvoll sein, sich für das eigene Weiterkommen Unterstützung und Hilfe von außen zu holen.

Der Dialog mit einem Therapeuten oder Berater eröffnet eine andere Sicht auf sich selbst und neue Möglichkeiten für die Be- und Verarbeitung der inneren Problematik.

Fast immer gibt es im Rahmen einer Trennung viele Dinge und Sachverhalte zu klären, über die man in heftigste Auseinandersetzungen geraten kann. Will man sich im Guten trennen oder wird man auch später noch ein gemeinsame Entscheidungen zu treffen haben, wie es z.B. normalerweise bei gemeinsamen Kindern der Fall ist, gilt es sich zu überlegen, wie eine einvernehmliche Lösung der Konflikte möglich wird.

Ist dies nicht allein zu schaffen, bietet hierfür Mediation einen sinnvollen Rahmen. Wie bei Beratung und Therapie bleibt ein jeder Partner hierbei in der eigenen Verantwortung für sich selbst und somit für das, was er will und für sich selber braucht.

Der Mediator bietet sich an als neutraler und allparteilicher Begleiter. Er führt die Partner durch den Konfliktlöseprozess, achtet auf die Art des Umgangs miteinander und verhilft den Partnern auf diese Weise zu einer Einsicht in die Ziele und Wünsche des jeweils anderen.

Auf Grundlage dessen und in gegenseitigem Respekt und Anerkennung voreinander, kann eine eigene gemeinsame und einvernehmliche Lösung erarbeitet werden.

Wichtig ist darauf zu achten:

Egal ob Mediator, Berater, Therapeut, dass dieser Sie ernst und wahrnimmt, sich Ihnen zuwendet und Sie zu verstehen versucht.

Seine Aufgabe ist, Sie zu sich selbst zu führen, zu leiten oder zu begleiten und Ihre Worte so zu formulieren, dass sie für alle klar im Raume stehen.

Kapitel 3
Besondere Situationen

Wenn Kinder in eine Trennung involviert sind, werden die zu lösenden inneren Konflikte bedeutend komplexer:

Sind keine Kinder da, können Sie sich nach der Trennung für immer aus dem Weg gehen, wenn sie das möchten.

Haben sie gemeinsame Kinder, dann wird sie das ein Leben lang auf der Basis der Liebe zu Ihren Kindern verbinden. Mit der Geburt Ihres Kindes haben Sie einen gemeinsamen Auftrag angenommen, eine gemeinsame Mission gestartet. Gemeinsam und ein jeder für sich haben Sie die Verantwortung dafür übernommen, Ihre Kinder darin zu unterstützen, zu eigenständigen, zufriedenen und selbstbewussten Menschen heranzureifen.

Kinder brauchen gerade während und nach einer Trennung beide Elternteile, da sie durch die Trennung in ihrer Selbstsicherheit häufig schon recht angeschlagen sind und sich oftmals schuldig und als ursächlich für die Trennung der Eltern fühlen.
Gehört doch gerade die Kindererziehung zu einem der Hauptstreitthemen von Paaren. Kinder bekommen diese Streitereien und Unstimmigkeiten natürlich mit.

Kommt es dann zu einem Bruch der Paarbeziehung, egal aus welchen Gründen, stellen Kinder oftmals die Verbindung her, dass es wohl an ihnen liegen muss.
Der Gedanke an andere Konfliktbereiche oder sogar die Idee, dass sich ein schon lange vorhandener Konflikt an der Kindererziehung entzünden kann, ist Kindern fremd und übersteigt i.d.R. ihren Horizont.

Ein Kind kann meistens nur folgenden Zusammenhang sehen:
Die Eltern haben sich wegen mir gestritten und wieder gestritten und nun trennen sie sich.

→ Also trennen sie sich wohl wegen mir.
→ Also bin ich schuld daran.

Dieses falsche Schuldgefühl gilt es zu durchbrechen.

So ist es wichtig bei einer Trennung, den Kindern immer wieder die Liebe von beiden Seiten zu zeigen und es ihnen verständlich zu machen, dass sie sich nicht für Elternteil entscheiden müssen und auch, dass sie keine Schuld an der Trennung trifft.

Um dies zu verdeutlichen, nutze ich gerne nachfolgende Grafik [2]

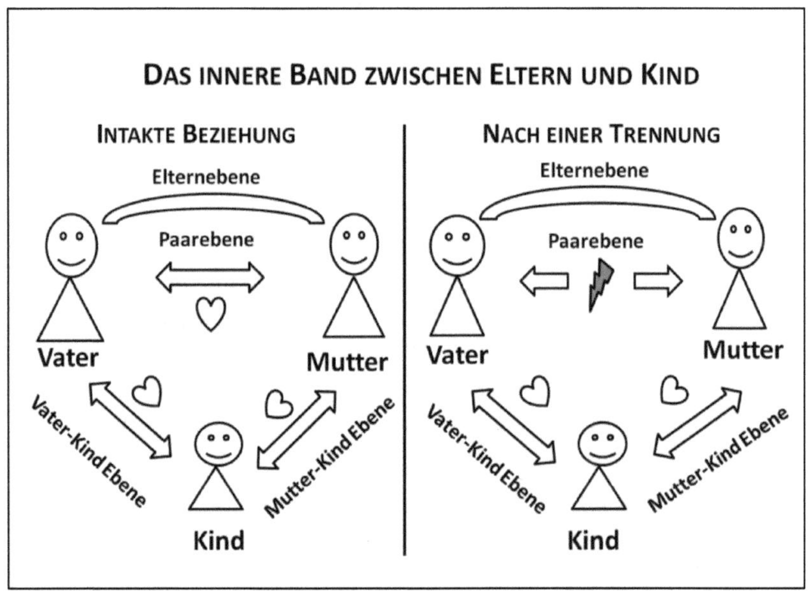

Bei einer intakten Beziehung kann das Band der Liebe zwischen Vater, Mutter und Kind ungehindert fließen.

Nach einer Trennung ist nur das Band der Liebe zwischen Vater und Mutter durchbrochen. Die Elternebene und die Liebe zum und vom Kind bleiben nach wie vor bestehen.

Durch die Schlichtheit der Grafik sind auch schon kleinere Kinder in der Lage, nachzuvollziehen, worum es dabei geht.

---

[2] Weiterentwickelt aus Möde, Erwin, Hrsg., Trennung und Scheidung, S. 27,28 Grafik 1, Regensburg, Pustet (2004)

Die Hauptaussage ist deutlich zu verstehen:
Die Eltern sind kein Liebespaar mehr, ansonsten ändert sich in der Gefühlswelt des Kindes nicht wirklich etwas.

Wenn Ihre Kinder Sie nach dem Grund für die Trennung fragen, dann seien Sie aufrichtig und erklären es ihnen auf eine altersgemäße Art und Weise:

Dass Sie gemerkt haben, dass Sie sich als Paar nicht mehr lieben und dass dieses nichts mit den Kindern zu tun hat.

Ihre Kinder tragen keine Schuld an der Trennung. Dass Sie sich trennen, hat etwas mit Ihnen als „entliebtes" Paar zu tun.

Haben Sie schon einmal darüber nachgedacht,
warum es den Begriff Eltern nur in der Mehrzahl gibt?

Eben, weil es **zwei** davon gibt.

Diese Erkenntnis sollten Sie ab jetzt niemals mehr aus Ihrem Hinterkopf entlassen.

Dieses zuzulassen ist jedoch, gerade wenn eine Trennung und die damit verbundenen Verletzungen noch frisch sind, ungemein schwierig. Es ist schon schwer und traurig genug, den Kindern keine heile Familie mehr bieten zu können. Dies tut weh und doch kann es gelingen, eine neue gute Situation für die Kinder zu schaffen.

Es muss deutlich unterschieden werden zwischen dem Konflikt, den Mann und Frau miteinander haben und der Liebe zu den Kindern. Das Band der Liebe zwischen den ehemaligen Partnern ist durchbrochen, das Band der Liebe von und zu den Kindern bleibt jedoch von beiden Seiten normalerweise weiterhin und gleichermaßen bestehen.

Auch wenn sich die Beziehung diesbezüglich ändert, dass vermutlich ein Elternteil auszieht und die Kinder z.B. nur am Wochenende und in den Ferien erlebt, ändert dies nichts an der Liebe zwischen dem Elternteil und seinem Kind.

Insofern wird der andere Elternteil dem Kind nicht genommen.

Hier gilt es Vertrauen zu entwickeln und das Kind ein Stück weit loszulassen. Eben, weil man das Kind liebt und man anerkennen und zulassen kann, dass es den anderen Elternteil auch liebt und von diesem ebenfalls geliebt wird.

Dieses ist gerade zu Beginn einer Trennung nicht gerade leicht und doch werden Sie es im Laufe der Zeit lernen können. Wenn Sie gewillt sind zu versuchen und Ihre Kinder dieses spüren lassen, die Liebe vom und zum anderen Elternteil als existentiell wichtig anzuerkennen, werden Sie im Laufe der Zeit lernen, immer mehr Vertrauen zu entwickeln. Vertrauen in Ihr Kind, den jeweils anderen Elternteil und auch in sich selbst.

Kinder lieben ihre Eltern und zwar beide.
Sie können nicht entscheiden, wen sie mehr lieben, warum auch.

Der eine ist der Papa und ihm gehört die „Papaliebe".

Die andere ist die Mama und ihr gehört die „Mamaliebe"

Ein Konkurrenzkampf um die Gunst der Kinder verunsichert diese zutiefst und ist unnötig. Dennoch kann man schnell in einen solchen hineinrutschen.

Es ist gängige Praxis, dass ein Elternteil die Kinder im Alltag betreut und der andere diese beispielsweise jedes zweite Wochenende und teils auch in den Ferien bei sich hat.

Da dieser Elternteil recht wenig Zeit mit den Kindern verbringt, ist es nachvollziehbar, mit diesen in der kurzen gemeinsamen Zeit viele schöne Dinge erleben zu wollen.

Der Elternteil, der die Kinder im Alltagsgeschehen betreut, hat natürlich den ganzen Stress des Schulalltags, die täglichen Sorgen und Nöte und die damit zusammen hängenden Auseinandersetzungen mit dem Nachwuchs zu bewältigen.

Es ist verständlich, wenn ein gewisses Maß an Eifersucht und Neid auf den „Freizeitvater" oder die „Freizeitmutter" entsteht.

Dieser Elternteil jedoch fühlt sich gleichermaßen oftmals vom Alltag des Kindes ausgeschlossen und versucht dieses Defizit durch schöne Erlebnisse zu kompensieren.

Oft entsteht auch die Sorge des „Alltagselternteils", dass das Kind den anderen lieber haben könnte, weil mit diesem alles so viel schöner und einfacher ist und es dort vielleicht auch mehr „darf".

Unterschätzen Sie Ihre Kinder nicht.

Einerseits versuchen Kinder phasenweise ihre Eltern ein Stück weit gegeneinander auszuspielen, so dass sie bei beiden ein möglichst angenehmes Leben haben können.

Andererseits wissen Kinder ganz genau, dass sie im Alltag in Ihnen einen Ansprechpartner haben, der sie liebt und unterstützt. Der ihr Hafen und Ankerplatz ist.

Es ist wichtig, sich selbst und den Kindern zu sagen:
- → Hier ist hier und hier wird es so gemacht, wie ich es sage.
- → Dort ist dort und dort wird es so gemacht, wie der andere Elternteil es sagt.

ENTTÄUSCHTER PARTNER = ENTTÄUSCHTES KIND

Dieser Gedankengang bzw. diese Schlussfolgerung begegnet mir in meinen Beratungsgesprächen recht häufig.

So hat beispielsweise der Mann seine Partnerin schwer getäuscht, indem er heimlich fremdgegangen ist und dieses trotz eines wiederholten Schwures nicht lassen konnte und wollte.

Kommt es nun zu einer Trennung des Paares, ist die ehemalige Partnerin meist sehr verletzt durch diesen Vertrauensbruch und die Enttäuschung ist groß.

Sind gemeinsame Kinder da, dann wird häufig geschlussfolgert:

→   Der Partner hat mich enttäuscht.
→   Also kann er nur enttäuschen.
→   Daher wird er auch unser Kind enttäuschen.

Und es kann der Impuls entstehen, das Kind davor schützen zu wollen und somit vor der Enttäuschung zu bewahren. Dieses kann bewusst oder auch unbewusst geschehen, beispielsweise durch eine Verweigerung des Umgangs, abfällige Bemerkungen oder regelrechtes Schlechtmachen des ehemaligen Partners.

Wenn ein Partner den anderen schwer enttäuscht hat, dann gehört diese Enttäuschung in die Beziehungsebene des Paares und nicht in die Beziehungsebene dieses Elternteils zum Kind.

Was für den Partner in der Paarbeziehung galt, muss sich beim Kind nicht zwangsläufig wiederholen. Die Beziehung zwischen dem Elternteil und dem Kind stellt eine völlig andere Ebene dar.

Natürlich wollen Sie Ihr Kind vor der Enttäuschung durch den anderen Elternteil bewahren und es kann passieren, dass sich Ihre Befürchtung bewahrheitet.

Dennoch sollten Sie sich bemühen, dem Ganzen eine Chance zu geben und bereit sein, Ihr Kind im Notfall aufzufangen.

Du bist wie dein Vater/ deine Mutter!

Getrennte Eltern kennen es fast alle. Urplötzlich und unerwartet zeigen Kinder manchmal Verhaltensweisen und Charaktereigenschaften, die wir eindeutig dem ehemaligen Partner zuordnen.

Hatten wir eine sehr problematische Beziehung und diese Verhaltensweisen waren ggf. sogar ein Auslöser für die Trennung und seelischen Verletzungen, dann kann es leicht passieren, dass wir in eine sogenannte Übertragung hineinrutschen.

Dann bekommt das Kind als Reaktion auf die unerwünschten Verhaltensweisen im Streit schnell ein *„Du bist wie dein Vater!"* oder *„Du bist wie deine Mutter!"* um die Ohren geknallt.
Mit diesem Vorwurf kann das Kind nicht wirklich etwas anfangen. Dieser ist weder verständlich noch gerechtfertigt und entspricht bei näherem Hinsehen nicht der Wahrheit.

Auch wenn nicht eindeutig zu klären ist, welche Charaktereigenschaften tatsächlich vererbt werden, ist es ein Faktum, dass Kinder manche Charakterzüge beider Eltern in sich tragen, die sich zum Teil auch in Verhaltensweisen zum Ausdruck bringen, die denen der Eltern ähneln.

Doch selbst wenn das Kind in einigen Verhaltensweisen oder charakterlich dem anderen Elternteil ähnelt, so bleibt es dennoch immer eine eigenständige Persönlichkeit.

Mit dem Vorwurf *„Du bist wie deine Mutter!"* bzw. *„Du bist wie dein Vater!"* negieren Sie unbewusst die Eigenständigkeit der Persönlichkeit Ihres Kindes und reduzieren es auf die als negativ empfundenen Charaktereigenschaften des anderen Elternteils.

Hierdurch negieren Sie jedoch einen Teil des Erbes Ihres Kindes, der einen wichtigen Teilaspekt seiner Persönlichkeit ausmacht.
Sie lassen hierbei schnell außer Acht, dass es auch einen Teil Ihrer Eigenschaften geerbt hat und auch, dass es eine für sich eigenständige Persönlichkeit darstellt.
Es ist nicht nur so, dass sich Ihr Kind durch diesen Vorwurf in diesem zu ihm gehörenden Teil von Ihnen abgelehnt fühlt, sondern es spürt, dass das Verhalten bzw. die Charaktereigenschaft

nicht erwünscht ist und als für nicht liebenswert erachtet wird. Oftmals ziehen Kinder hieraus schnell den unbewussten Schluss, dass sie somit in ihrer ganzen Person nicht liebenswert sein können.

Kommen Sie in eine solche Übertragung und machen Sie Ihrem Kind diesen Vorwurf, dann ist meist eine innere Auseinandersetzung bezüglich des ehemaligen Partners noch nicht ganz abgeschlossen und Sie sind irgendwo „hängen geblieben".

Vielleicht ärgern Sie sich immer noch darüber, dass Sie nicht bzw. erst viel zu spät gemerkt haben, dass Ihr Partner Sie nach Strich und Faden hintergangen und angelogen hat.

Lügt Ihr Kind Sie eines Tages an, dann reagieren Sie vermutlich überempfindlich auf dieses Verhalten. Vielleicht werden Sie auch sehr wütend und ungehalten.

Sie suchen nach Gründen für dieses unerwünschte Verhalten Ihres Kindes und finden sich ggf. zeitgleich ein Stück weit wieder in den Gefühlen, welche die damals bittere Erkenntnis über das Hintergehen durch den Partner ausgelöst hat. Schnell wird der unbewusste Schluss gezogen: Von mir hat das Kind es nicht → es muss sich also leider das Erbe des anderen Elternteils durchgesetzt haben.

Doch machen Sie sich bitte folgendes bewusst:
Durch die Übertragung weichen Sie Ihrer inneren Auseinandersetzung mit sich selbst und den Eigenschaften des ehemaligen Partners aus und vermischen die Beziehungsebenen.

Also ist es an der Zeit, sich nochmal mit dem Eingemachten bzw. den sogenannten „Leichen im Keller" zu beschäftigen. Sie müssen das Verhalten Ihres ehemaligen Partners weder beschönigen oder gutheißen. Sie brauchen es auch nicht zu verzeihen. Sie können jedoch lernen, es als gewesen stehen zu lassen. Es war so und es war nicht gut und jetzt haben Sie diesen Menschen nicht mehr an Ihrer Seite und Punkt.

Doch ist der wirkliche Knackpunk meistens etwas anders.

Es ist die Frage nach dem: *„Warum konnte ich das nicht sehen, erkennen, verhindern?"* und die innere Auseinandersetzung damit, dieses als einst gemachten Fehler stehen lassen zu müssen und zu können.
Es geht also viel mehr um die innere Aussöhnung mit sich selbst.

Erkennen Sie an, dass Ihr Kind deswegen Ihr Kind ist, eben weil es auch den anderen Elternteil zum Vater bzw. zur Mutter hat. Wäre dem nicht so, dann gäbe es Ihr Kind in seiner Einzigartigkeit nicht.

Und vergessen Sie bitte niemals, dass Kinder nun mal Kinder sind und noch keine kleinen Erwachsenen. Sie üben noch und manchmal liegen sie in Ihrem Verhalten meilenweit neben der Angemessenheit.

Hier ist es an Ihnen, Ihren Kindern verständlich und nachvollziehbar zu vermitteln, dass dieses Verhalten so nicht geduldet werden kann und was stattdessen erwünscht wäre.
Und zwar völlig unabhängig von dem Wert des Kindes und der Liebe zu ihm, denn das eine hat mit dem anderen nichts zu tun.

Ist es Ihnen dennoch passiert, dass Sie wider besseren Wissens im Eifer des Gefechtes einer hitzigen Auseinandersetzung Ihrem Kind den Vorwurf *„Du bist wie dein Vater bzw. deine Mutter!"* entgegen geschleudert haben, wird es Ihnen meist im selben Moment schon bewusst. Vermutlich erschrecken Sie über sich selbst und Ihr schlechtes Gewissen macht sich sofort bemerkbar. Sie schämen sich und würden den Ausspruch der Worte am liebsten ungeschehen machen, doch geht dieses natürlich nicht.

Auch wenn es nicht gut ist, diesen Satz zu seinen Kindern zu sagen, kann Ihnen dieser unter Umständen in einer überfordernden Situation wie z.B. in einem heftigen Streit herausrutschen. Hier ist es wichtig, sich vor sich selbst und den Kindern einzugestehen, einen Fehler gemacht zu haben. Treten sie mit Ihren Kindern in einen Dialog, erklären Sie Ihnen, wie es zu dem „Aussetzer" gekommen ist und entschuldigen Sie sich aufrichtig.

Wichtig ist, dass Ihre Kinder verstehen lernen, welche Werte Ihnen ein hohes Gut sind und was Sie als Unding empfinden.
Und auch, dass Sie auf gewisse Verhaltensweisen evtl. überempfindlich reagieren, eben weil der Vater oder die Mutter in der Funktion als ehemaliger Partner Sie hierdurch sehr verletzt hat.

So lernt Ihr Kind zu begreifen, dass Sie ein ganz normaler Mensch sind. Ein Mensch mit Eigenarten, mit Stärken und Schwächen. In dem Sie zu Ihren Schwächen stehen und zu einem Dialog über diese bereit sind, zeigen Sie wiederum innere Stärke. Hierdurch eröffnen Sie die Möglichkeit für einen gegenseitigen tiefen Austausch und Verständnis zwischen sich und Ihrem Kind.

Unabhängig davon, ob dieser tiefe Austausch gelingt, sollten Sie sich jedoch damit auseinandersetzen, wie es dazu kommen konnte, dass Sie in der Überforderung der jeweiligen Situation die Persönlichkeit Ihres Kindes auf die negativen Eigenschaften des ehemaligen Partners reduziert haben.
Auch wenn dieses unbewusst und ungewollt geschehen ist, gibt es dahinter liegende Gründe, wieso es Ihnen überhaupt herausrutschen konnte. Diese gilt es zu finden, zu klären und seinen inneren Frieden oder zumindest eine Art Waffenstillstand damit zu schließen. Es ist wichtig für die persönliche Integrität Ihres Kindes, dass diesem dahingehend in Zukunft keine seelischen Verletzungen (mehr) zugefügt werden.

Sind Sie sich selbst und Ihrem Kind gegenüber aufrichtig, können Sie die Vergangenheit eher stehen lassen.
So bringen Sie sich leichter in die Lage, das Verhalten Ihres Kindes von seiner eigenen und vor allen Dingen von der Persönlichkeit des anderen Elternteils zu trennen.

Schwierig kann es werden, wenn ein neuer Partner in das Leben eines der beiden Elternteile tritt. Dieses ist oft mit zusätzlichen Ängsten verbunden, die sich noch ausweiten können, wenn weitere Kinder hinzukommen.

So kann hierbei leicht die Angst entstehen, den Kindern werde jetzt ein Ersatzvater oder eine Ersatzmutter geboten und Sie könnten durch Ihren ehemaligen Partner oder sogar durch Ihre eigenen Kinder selbst als Elternteil ausgetauscht werden.

Dieses ist jedoch selten der Fall. Idealerweise ist es so, dass diese neuen Partner Ihrem Kind als väterlicher Freund oder mütterliche Freundin zur Seite stehen können.

Sollte es so sein, dass beispielsweise die Mutter eine neue Familie gegründet hat und im Anschluss daran anscheinend versucht, die alte Familie auszublenden und das gemeinsame Kind sozusagen der neuen Familie einzuverleiben, steht der Vater unter einer gewaltigen Anspannung und hat die Angst, den Kontakt zu seinem Kind zu verlieren.

Wenn die Mutter des Kindes tatsächlich versuchen sollte, den Vater sozusagen auszubooten, dann bleibt natürlich die Frage, warum sie dieses tut.

Es kann daran liegen, dass sie hierdurch endgültig mit „dem alten Leben" abschließen möchte und dabei völlig außer Acht lässt, dass beide Eltern für ihr gemeinsames Kind und sein Gefühl der eigenen Identität wichtig sind.
Es mag auch sein, dass die Mutter die Idee entwickelt hat, das Kind könne sich in der neuen Familie ansonsten ausgegrenzt fühlen. Daher versucht sie auf diese Art und Weise, den Ring der heilen Familie mit dem neuen Partner und dem Kind wieder zu schließen.

Hierbei wird der tatsächliche Vater des Kindes schnell als Störfeld empfunden oder sogar als Störenfried identifiziert.

Somit kann es geschehen, dass die Mutter bewusst oder auch unbewusst das Interesse hat, den Vater aus dem Leben des gemeinsamen Kindes herauszudrängen.

Stehen Sie in einer solchen Situation, können Sie dieser Ausgrenzung nur begegnen, indem Sie präsent bleiben. Eine solche Präsenz zu zeigen ist möglich durch regelmäßige Kontakte zu bzw. Umgang mit Ihrem Kind.

Merken Sie jedoch, dass Ihr Kind sehr belastet ist, eben weil es spürt, dass diese Kontakte von Seiten des anderen Elternteils nicht erwünscht sind oder sogar absolut negiert werden, ist es im Hinblick auf die seelische Entwicklung Ihres Kindes notwendig, sich zu überlegen, wie das Kind aus diesem Spannungsfeld herausgenommen werden kann.

Am sinnvollsten wäre hier natürlich ein direkter Austausch zwischen den Eltern, so dass beide die Sorgen, Nöte und Ängste des jeweils anderen verstehen lernen und mit Blick auf die Bedürfnisse des Kindes eine gemeinsame Lösung finden können.

Sollte ein direktes Gespräch nicht durchführbar sein, wäre dies ggf. über eine Mediation, also in Begleitung einer dritten und neutralen Person, möglich.
Ist ein Austausch zwischen den Eltern nicht zweckmäßig, weil er sofort in gegenseitigen Vorwürfen enden und zu einem heftigen Streit eskalieren würde, könnten Sie natürlich auch versuchen, das Jugendamt, den Kinderschutzbund oder andere vermittelnde Institutionen einzuschalten.
Es ist ggf. auch möglich, vor Gericht zu gehen und Klage zu erheben. Doch durch letzteres erlangt der andere Elternteil nicht unbedingt die Erkenntnis, wie wichtig tatsächlich beide Eltern für das gemeinsame Kind sind.

Im Gegenteil hierzu würde dieses vermutlich noch tiefer hineingezogen werden in den elterlichen Konflikt und das Gefühl, sich für eine Seite entscheiden zu müssen, könnte sich manifestieren.

Manchmal bleibt leider als einzige Möglichkeit, das eigene Kind vor seelischem Schaden zu bewahren, sich in der persönlichen Präsenz zurückzunehmen.

Dieses bedeutet natürlich nicht, dass Sie Ihr Kind vergessen oder leugnen sollen. Es bedeutet lediglich, dass Sie nicht auf Umgang pochen und drängen, auch wenn dieser Verzicht sehr schmerzhaft für Sie und vermutlich auch Ihr Kind ist.

Steht Ihr Kind in dem Gewissenskonflikt, Sie sehen zu wollen, obwohl es weiß, dass dieses von dem anderen Elternteil nicht erwünscht ist oder wird es gar gegen Sie aufgehetzt und instrumentalisiert, können Sie es so ein Stück weit aus seinem inneren Konflikt befreien.

Dennoch ist es sehr wichtig zu versuchen, Ihrem Kind zu vermitteln, dass Sie ihm immer als Ansprechpartner zur Verfügung stehen wollen und für es da sind, wann immer es das möchte.

Sie können ihm z.B. regelmäßig Briefe schreiben oder ähnliches. Heben Sie diese Briefe in Kopie auf oder führen Sie ein Tagebuch, in dem Sie wichtige Dinge und Erlebnisse für Ihr Kind festhalten.

Manchmal werden Ihre Briefe dem Kind durch den anderen Elternteil vorenthalten oder aber das Kind mag sie gar nicht erst lesen, weil dieses zu schmerzhaft ist. Wenn Sie Ihre Briefe und Notizen aufheben, dann kann Ihr Kind, wenn es erwachsen ist, die wahren Gründe erfahren. Damit eröffnet sich eine Chance, Ihre Eltern-Kind-Beziehung neu zu beleben und auf eine andere Basis zu stellen.

Machen Sie sich bitte folgendes klar: Ihr Kind bleibt immer Ihr Kind und Sie bleiben immer sein Vater bzw. seine Mutter.

Sie sind Niemandem Rechenschaft schuldig, über das, was Sie tun und das, was Sie denken oder sagen, nur sich selbst und in diesem Punkt auch Ihren Kindern.

Manchmal ist es leider so, dass sich der andere Elternteil an der Seite eines neuen Partners abwendet und die neue Beziehung für ihn einen viel höheren Stellenwert bekommt, als die Kinder aus der alten Beziehung. Dieses kann sich noch verschärfen, wenn in der neuen Beziehung weitere Kinder hinzukommen, die wohlmöglich wie ein Prinz oder eine Prinzessin behandelt werden und wenn dem Kind aus der früheren Beziehung eine Art Aschenputtelstatus zugewiesen wird.

Natürlich wird Ihr erster Impuls sein, Ihr Kind eben genau vor diesen, mit dem Aschenputteldasein verbundenen, Gefühlen des „weniger Wert seins" bewahren zu wollen.

Sie sollten sich jedoch zuerst einmal damit auseinandersetzen, ob Sie dieses als Angst in sich tragen oder ob es tatsächlich der Realität entspricht. Selbst wenn letzteres zutrifft, können Sie Ihr Kind nicht wirklich vor seinen eigenen Erfahrungen und somit auch nicht vor seinen Enttäuschungen bewahren.

Hier ist einzig und alleine hilfreich, dem Kind immer wieder zu vermitteln, dass ein jeder Mensch gleichermaßen wertvoll ist und dass es nicht die Schuld des Kindes ist, wenn der andere Elternteil den Partner oder die neuen Kinder vorzieht.

Wenn Ihr Kind das versteht, dann wird es irgendwann nicht mehr um die Liebe und Anerkennung des anderen Elternteils zu kämpfen brauchen und sich immer wieder an den Abweisungen zu verletzen. Es hat gelernt, den eigenen Wert in sich selbst zu finden.

Der Weg zu dieser Einsicht ist nicht leicht und in der Regel für Ihr Kind mit viel Traurigkeit und Wut verbunden. Sie sind derjenige, der es immer wieder auffängt, der ihm immer wieder vermittelt, wie liebenswert und wundervoll es ist.

Ihr Kind darf traurig, wütend und enttäuscht sein und doch wird es irgendwann zu lernen haben, dieses auch an die richtige Adresse zu senden: an den Elternteil, der das Kind abweist.

Versuchen sie jedoch, Ihr Kind vor den Enttäuschungen zu bewahren und blockieren den Kontakt oder lassen sich sogar vor Ihrem Kind über die Schlechtigkeit von Vater bzw. Mutter aus, dann kann es Ihnen passieren, dass Ihr Kind Sie eines Tages dafür verantwortlich machen möchte.

Ihnen wird dann schnell die Schuld zugewiesen, dass der Kontakt zum anderen Elternteil nicht gut war oder ist. Ihr Kind blendet gerne die negativen Aspekte aus, die Sie ja ursprünglich dazu bewogen haben, Ihr Kind schützen zu wollen. Oftmals wird der andere Elternteil sogar durch das Kind zu einer Art Traumvater bzw. Traummutter hochstilisiert.

Solche Sätze wie: *„Hättest du nicht den Kontakt blockiert, dann würde mich Papa auf Händen trage. Aber nein, das wolltest du nicht, das hast du mir und ihm nicht gegönnt..."*, sind häufige Gedankengänge und Vorwürfe von Kindern.

Selbst wenn Ihr Kind im Grunde seines Herzens weiß, dass dieses nicht stimmt, ist die an Sie gerichtete Schuldzuweisung dennoch weniger schmerzhaft und leichter zu verkraften, als der Wahrheit ins Auge zu blicken.

Ist die Abwertung Ihres Kindes durch den anderen Elternteil jedoch tatsächlich so groß, dass es seelisch stark darunter leidet, sollten Sie sich nicht scheuen, die Lebensumstände zu verändern, indem Sie z.B. darum kämpfen, es zu sich nehmen zu können.

WENN DAS KIND DEN NEUEN PARTNER ABLEHNT

Neigt Ihr Kind dazu, einen neuen Partner rigoros abzulehnen, dann kann dieses auch daran liegen, dass Ihr Kind in einer Art Hoffnungstraum gefangen ist, dass nur die Eltern als Paar zusammengehören können bzw. dürfen.
Die Angst und die Eifersucht auf die neue Partnerin, die einem vielleicht den Vater wegnehmen könnte, macht aus manchen kleinen Menschen regelrechte Furien.

So sehen sich viele Kinder innerlich auf die gleiche Ebene gestellt wie den neuen Partner und kämpfen mit diesem in einer Art Geschwisterkampf um die Gunst und die Liebe des Elternteils.

Nicht selten werden sie auch in dem Glauben, mit diesem neuen Partner in einen Konkurrenzkampf treten zu müssen, durch den jeweils anderen Elternteil unterstützt. Fallen diverse Sätze, wie: *„Die Neue nimmt uns den Papa weg..., Die Mama hat den Neuen bestimmt oder vielleicht lieber als dich..."*, schließt das Kind schnell daraus, dass nicht nur es selbst, sondern auch der „übriggebliebene" Elternteil sehr unter einer neuen Partnerschaft leidet. So fühlt es sich noch mehr in dem Kampf um die Gunst des „abtrünnigen" Elternteils bestärkt.

Hierdurch werden Kinder jedoch unbewusst dazu aufgefordert, einen Kampf zu führen, der nicht in die Beziehung zwischen Kind und Vater bzw. Mutter gehört. Es ist dies vielmehr ein Teil der kritischen Auseinandersetzung mit der inneren Lösung voneinander und der Anerkenntnis dessen, dass Sie zwar immer noch ein Elternpaar, aber kein Liebespaar mehr sind.

Darüber hinaus sehen sich manche Kinder nach einer Trennung innerlich vielmehr auf der Paar- oder sogar Elternebene stehend.

So geschieht es nicht selten, dass beispielsweise der Sohn die Rolle der „männlichen Hauptperson" übernimmt und aus vermeintlicher Verantwortung für das Glück der Mutter einen neuen Partner regelrecht wegzubeißen versucht.

Möglicherweise steht hierbei im Hintergrund, dass das Kind erleben musste, wie schlecht es der Mutter mit dem Vater oder einem anderen Partner ging.

Vielleicht hat die Mutter auch sehr unter einer Trennung leiden müssen. Das Kind versucht dann teil- oder unbewusst die Verantwortung dafür zu übernehmen, dass dieses niemals mehr geschehen kann und will sie auf diese Weise davor zu schützen.

Auf welche Ebene sich das Kind auch gestellt fühlen mag:

→   Es verwechselt oder vermischt die Beziehungsebenen und ggf. auch die Verantwortlichkeiten.

→   Und es ist damit heillos überfordert.

Sie sind gefordert, Ihrem Kind die Beziehungsebenen verständlich darzulegen, diese liebevoll wieder klarzustellen und ihm seinen tatsächlichen Platz zuzuweisen. Dieses ist möglich durch Geduld und Nachsicht, viele Gespräche und Zeiten, in denen Sie alleine etwas mit Ihrem Kind unternehmen sollten, damit es merkt, wie wichtig es für Sie nach wie vor ist.

Machen Sie sich und Ihrem Kind klar, dass Sie als Elternteil die Verantwortung für sich selbst und Ihr Leben übernehmen. Sie sind der „Boss" und Sie haben das Recht auf eigene Entscheidungen. Somit haben Sie auch das Recht, sich erneut auf einen Partner einzulassen und evtl. auch wieder aufs Neue enttäuscht zu werden.

Die eigene Entscheidungsverantwortung wahrzunehmen, bedeutet auch die Bereitschaft, zu evtl. Fehlentscheidungen zu stehen und diese, wenn nötig, zu korrigieren.

Haben Sie einen neuen Partner an Ihrer Seite, ist es wichtig, dass sich dieser die Beziehungsebenen klar macht. Auch sollte er das „Spiel" nicht mitspielen, sich auf einen vermeintlichen Konkurrenzkampf mit dem Kind einzulassen.

Eines Tages wird Ihr Kind vermutlich einsehen und verstehen, dass Sie es immer als Ihre Tochter, Ihren Sohn lieben werden und der neue Partner keine wirkliche Gefahr für die Beziehung zwischen ihnen und ihrem Kind darstellt.
Im Laufe der Zeit wächst normalerweise bei Kindern auch die Einsicht, dass Sie es verdient haben sich das Recht zu nehmen, mit einem neuen Partner an Ihrer Seite glücklich zu werden.

Wenn der neue Partner das Kind ablehnt

Verliebt man sich, dann wünscht man sich in der Regel, die wichtigste Person der Welt für sein Gegenüber zu sein.
Dieses ist bei einem Partner mit Kindern jedoch nur bedingt möglich, denn diese nehmen verständlicher Weise ebenfalls einen sehr hohen Stellenwert für den geliebten Menschen ein.

So kann es durchaus vorkommen, dass ein neuer Partner von sich aus in einen Konkurrenzkampf mit den Kindern um die Liebe und Zuneigung des Geliebten tritt. Auch in diesem Fall gilt es, sich die unterschiedlichen Beziehungsebenen deutlich vor Augen zu führen. Ebenso ist es wichtig, der Eltern-Kind-Beziehung das nötige Verständnis entgegenzubringen und ihr entsprechende Freiräume zu lassen.

Manchmal ist es aber auch so, dass Kinder von einem neuen Partner eher eine Art lästiges Anhängsel oder notwendiges Übel empfunden werden. *„Ohne Kinder wäre sie die Frau der Träume und perfekt. Will ich sie unbedingt haben, dann muss ich sie leider mit den Kindern nehmen…"*, mag sich mancher neue Partner insgeheim sagen. Ist dieses oder ähnliches der Fall, dann mag sich Ihr neuer Partner vielleicht tatsächlich in Sie verliebt haben. Sie sollten jedoch bedenken, dass er einen für Sie sehr wichtigen Aspekt völlig ausblendet oder sogar negiert.

Die Beziehung zu Ihren Kindern ist für Sie persönlich ungemein wichtig und wenn ein neuer Partner dieses nicht anzuerkennen bereit ist, dann sollten Sie sich ernsthaft fragen, ob er wirklich der richtige Partner für Sie sein kann bzw. ist.

Es mag sein, dass Sie die Hoffnung hegen, Ihr neuer Partner könne seine ablehnende Haltung ablegen, wenn er eine Zeit lang mit Ihnen zusammen gewesen ist und die Kinder näher kennengelernt hat.

Eine solche Hoffnung zerschlägt sich jedoch leider recht häufig.

Vielleicht setzen Sie sich in Zukunft folgende Prämisse:
Diesbezüglich gehe ich keine Kompromisse mehr ein.
Ich wähle bzw. nehme nur denjenigen zum Partner, der bereit ist, sich auf mich **und** meine Kinder einzulassen.

Kommt es zu einer Trennung, werden Kinder leider recht häufig zum Spielball im Rosenkrieg der Eltern.

Gerade zu Beginn einer Trennung ist man schnell versucht, den eigenen Schmerz, die Verzweiflung und Wut gegen den anderen zu richten, um ein gewisses Gefühl der Genugtuung zu spüren, wenn der ehemalige Partner leidet. So sucht man nach Punkten, an denen man sich gegenseitig richtig weh tun kann. Hierfür eigenen sich die Kinder besonders gut, sind sie doch der Punkt, an dem man den ehemaligen Partner zutiefst verletzen und vernichtend treffen kann.

Im Eifer des Gefechtes gerät schnell aus dem Blickfeld, dass Kinder keine Möbel sind, die man notfalls auch zersägen könnte.

Kinder sind empfindsame Wesen, die i.d.R. noch nicht verstehen können, was die Eltern da treiben und durch das Hin- und Hergezerre völlig verunsichert werden. So können Kinder leicht Ängste entwickeln, beide oder zumindest einen Elternteil zu verlieren.

Kinder brauchen Aufrichtigkeit, Anerkennung und Wertschätzung, sowie das Gefühl geliebt zu werden.

Und zwar am besten von beiden Eltern.

Wird ein Streit auf dem Rücken der Kinder ausgetragen, dann verlassen Sie als Eltern die Paarebene und weisen Ihrem Kind eine Rolle zu, der es nicht gewachsen ist, die nicht in seinen Verantwortungsbereich gehört, die einfach nicht die seine ist.

Ziehen Sie Ihr Kind dermaßen in die Streitigkeiten hinein, dass Sie den anderen Elternteil vor dem Kind schlecht machen, es als Dolmetscher zu missbrauchen suchen *(„Sag mal dem Papa, dass er das wieder falsch gemacht hat...", „Sag bitte deiner Mutter, dass sie keine Ahnung hat..." o.ä.)* oder wenn Sie sogar versuchen, das Kind als Verbündeten gegen den vermeintlich bösen Elternteil auf Ihre Seite zu ziehen, dann überschreiten Sie Grenzen.

Je nach Ausprägung dieser Instrumentalisierung von Kindern durch ein oder beide Elternteile, verschwimmen die Grenzen zwischen normalem Verhalten und seelischem Missbrauch.
Wie soll Ihr Kind dieses „tief in den Streit verstrickt werden" mit seiner Liebe zu beiden Eltern in Einklang bringen können.

Es leidet sehr unter der Situation und stellt sich meist schon alleine deswegen auf die Seite eines der Elternteile, um seinem inneren Konflikt ausweichen zu können.
Die Gefühle für den „unterliegenden" Elternteil werden schlimmstenfalls abgespalten und verdrängt.

Dass sich dieses auf die seelische Entwicklung von Kindern nicht gerade positiv auszuwirken vermag, liegt auf der Hand.

So sind Sie beide als Eltern gefordert, sich auf Ihre gemeinsame Mission zu besinnen:

**Gemeinsam und ein jeder für sich
die Verantwortung dafür zu übernehmen,
Ihre Kinder darin zu unterstützen,
zu eigenständigen, zufriedenen und selbstbewussten
Menschen heranzureifen.**

Doch was können Sie tun, wenn Sie Ihre Verantwortung zwar sehen und wahrnehmen wollen, der andere Elternteil aber versucht, weiterhin Machtspielchen auf dem Rücken der Kinder auszutragen? Hierbei ist es eher nebensächlich, ob die Mutter den Umgang unterbindet, der Vater sich weigert, Unterhalt zu zahlen, die Mutter versucht, den Vater schlecht zu machen oder der Vater die Umgangskontakte immer wieder ohne Ankündigung aussetzt.

Sie können den anderen Elternteil nicht zwingen, seine Verantwortung als Vater oder Mutter tatsächlich an- und wahrzunehmen. Es ist und bleibt seine eigene Verantwortung, auch wie er damit umgeht, dafür ist einzig und alleine er verantwortlich.
Dennoch ist es sinnvoll, aus dem üblen Spiel auszusteigen und es nicht mehr nach den alten Regeln zu spielen. Setzen Sie klare

Grenzen und versuchen Sie in einen Dialog mit dem anderen Elternteil zu treten.

Ist ein solcher nicht möglich, wäre evtl. die Unterstützung des Dialoges von Seiten eines Mediators sinnvoll. Wenn eine Mediation nicht zweckmäßig ist, könnten Sie auch versuchen, sich dem anderen schriftlich mitzuteilen und hierbei die Bedürfnisse Ihres Kindes in den Mittelpunkt stellen. Ob der andere Elternteil dieses versteht und ebenso Ihr gemeinsames Kind in den Mittelpunkt der Überlegungen stellen kann, liegt wiederum bei diesem.

Sollte er trotz aller Versuche nicht dazu in der Lage sein und weiterhin seine Rachegelüste über das Kind austragen, dann ist es wichtig, sich klar abzugrenzen und zeitgleich dem Kind zu vermitteln, dass es, trotz des schwierigen Verhältnisses zwischen Ihnen persönlich und dem anderen Elternteil, diesen sozusagen mit Ihrem Segen lieben darf- eben als Papa oder als Mama. Auch dass Ihr Kind Kontakt zum anderen Elternteil haben darf und kann, wenn es dieses möchte, ist ein wichtiger Aspekt. Selbst wenn Sie traurig sind und Angst vor dem Alleinsein o.ä. haben, braucht das Kind nicht aus Fürsorge für Sie den Kontakt zum anderen Elternteil abzulehnen.

Diese Gefühle und Problematiken sind Ihre eigenen und es ist nicht Aufgabe der Kinder, sie zu lösen.

Wenn jedoch ein Elternteil bewusst dem Kind Schaden zufügt, es bedroht, seelisch oder sogar körperlich misshandelt, ist ein beherztes und sofortiges Eingreifen nötig. Manchmal kann es tatsächlich notwendig sein, den Umgang mit dem anderen Elternteil kurz- oder längerfristig auszusetzen, damit das Kind aus einer akuten oder latent vorhandenen Bedrohungssituation heraus und zur Ruhe kommen kann.

In den Zeiten einer akuten Trennung oder einer heftigen Beziehungskrise ergeht man sich so manches Mal in sehr negativen Gedankengängen.

So denkt und sagt man in Phasen der Wut, Enttäuschung und Verzweiflung hin und wieder Dinge, die nicht wirklich in allen Facetten durchdacht sind. Ist der innere Schmerz unendlich groß, kann der Wunsch entstehen, alles wäre anders. Hierbei lässt man evtl. völlig außer Acht, dass das Dasein der Kinder hierdurch möglicherweise komplett verleugnet oder negiert wird.

Bekommen Kinder solche negativen Gefühle mit, werden diese Gedankengänge vor Ihnen ausgebreitet oder sogar als Vorwurf ihnen gegenüber erhoben, besteht die Gefahr, die Seelen der Kinder hierdurch stark zu belasten, zu verletzen und ggf. auch dauerhaft zu schädigen.

Daher ist es wichtig, die elterliche Verantwortung zum Schutz der Kinder nach ganz oben zu stellen. Und zwar unabhängig davon, wie es einem selber geht und wie man sich gerade fühlt.

Achten Sie darauf, dass Ihnen niemals unbedacht und unbemerkt eine diesbezügliche Äußerung entgleitet, die Ihren Kindern zu Ohren kommen kann. Denken Sie auch daran, dass Kinder gerne heimlich lauschen...

Neben dem, das Erbe des Kindes negierenden Satz: *„Du bist wie dein Vater!"* bzw. *„Du bist wie deine Mutter!"*, gibt es noch einige andere Gedankengänge, die Gift für die Seelen Ihrer Kinder sind.

Tauchen derartige Gedankengänge in Ihnen auf, ist es höchste Zeit, sich mit Ihren innersten Gefühlen und der eigenen Verantwortung zu beschäftigen, auseinanderzusetzen, diese zu klären und Ihren Frieden damit zu schließen.

Abgesehen davon, dass dieses für Sie persönlich wichtig ist, gilt es, Kinder aus den eigenen seelischen Problematiken und der kriselnden Beziehung zwischen den Partnern so gut als irgend möglich herauszuhalten.

Kinder als Beziehungsgrund bzw. – schuld

Auch wenn die Zeiten längst vergangen sind, in denen man wegen einer ungewollten Schwangerschaft heiraten musste, fühlen sich immer noch viele Menschen verpflichtet, aus diesem Grund eine feste Beziehung oder sogar Ehe einzugehen.

Wächst die Unzufriedenheit in einer solchen Beziehung, kann es geschehen, dass dem Kind evtl. eines Tages vorgeworfen wird, eben der Grund, die Grundlage dieser Partnerschaft zu sein.
Es bekommt hierdurch unbewusst und meist auch ungewollt die Schuld und somit die Verantwortung für die unglückliche Beziehung und die Unzufriedenheit der Partner zugewiesen.

Wie soll ein Kind mit einer solchen Schuldzuweisung umgehen?

Eines ist klar: Das Kind kann nichts dafür, dass Sie miteinander Sex hatten. Es kann auch nichts dafür, dass es dabei entstanden ist. Ebenso entzog es sich seiner Entscheidungsgewalt, dass sich die Eltern auf Grund seines Daseins für ein gemeinsames Leben entschieden haben. Und auch, dass dieses Leben die Eltern nicht zufriedenstellt und sie nicht glücklich miteinander sind, ist nicht Sache des Kindes.

Machen Sie sich bewusst, dass Ihr gemeinsames Kind vielleicht einst der Anlass für die Partnerschaft gewesen ist. Die Gründe und die Verantwortung für die Entscheidung zu dieser, lagen und liegen jedoch immer bei Ihnen und Ihrem Partner.
Erkennen Sie dieses an, können Sie Ihrem Kind das Gefühl der vermeintlichen Schuld am Unglück der Eltern, dem Schieflaufen und ggf. dem Scheitern der elterlichen Beziehung abnehmen.

Übernehmen Sie selbst die Verantwortung für Ihre eigenen Entscheidungen, sprechen Sie ihr Kind frei von einer gefühlten Schuld und Verantwortung, die nie die seine war, nicht die seine ist und niemals die seine sein wird.

Der Wunsch- das Kind wäre nie entstanden

Nicht selten versuchen manche Menschen über ein gemeinsames Kind eine angeschlagene Paarbeziehung zu kitten.
Es ist dies oftmals der unbewusste Versuch, eine Beziehung auf dem Umweg über die gemeinsame Verantwortung als Eltern zu retten. Ist man auf dieser Ebene miteinander verbunden, dann kann es auch auf den anderen Ebenen wieder besser laufen, ist ein gängiger Gedankenschluss, der sich jedoch oft als trügerisch erweist, stellen doch Geburt und Elternschaft meist eine gewaltige Belastung für eine Beziehung dar.

Nicht nur in dieser, auch in anderen Konstellationen kann es geschehen, dass bei heftigen Konflikten oder einem drohenden Auseinanderbrechen der Partnerschaft insgeheim der Wunsch entsteht, das Kind wäre am besten nie geboren worden.
Hinter diesem Gedankengang steht oftmals die Idee, dass man sich vermutlich ohne das Kind nie an diesen Partner gebunden oder immerhin den Absprung viel eher geschafft hätte.

Bekommen Kinder diese Gefühle und Gedankengänge mit, dann sind sie schnell ziemlich verunsichert. So haben sie oft das Gefühl, zumindest mitverantwortlich zu sein am Unglück der Eltern und dem Schieflaufen ihrer Beziehung. Auch kann schnell das Gefühl entstehen, von einem oder beiden Elternteilen niemals wirklich gewollt, gewünscht, geliebt worden zu sein.
Dieses kann in Kindern eine tiefe Seins- und Sinnkrise auslösen.

Machen Sie sich klar, dass Sie durch das Kundtun solcher Gedankengänge in den Seelen Ihrer Kinder eine Art emotionales Erdbeben auslösen können. Die Grundlage des Urvertrauens und des Selbstverständnisses Ihrer Kinder kann hierdurch enorm ins Wanken geraten.
Und so ist es an Ihnen, sich mit sich selbst auszusöhnen. Gehen Sie in sich und fragen Sie sich, warum sich diese Gedankengänge sozusagen in ihr Hirn schleichen können bzw. konnten.

Übernehmen Sie die Verantwortung und handeln Sie.

Stecken Sie in einer unglücklichen Beziehung fest, dann suchen Sie nicht nach äußeren Gründen, sondern schauen Sie in Ihr Innerstes. Wieso glauben Sie, sich nicht lösen und befreien gekonnt zu haben bzw. zu können?
Mit Sicherheit nicht, weil Sie ein Kind bekommen haben. Es hat vielmehr etwas mit Ihnen selbst, Ihren inneren Wertvorstellungen, Ängsten und eigenen Problematiken zu tun.
Diese jedoch können Sie bearbeiten.
Schaffen Sie das nicht alleine, suchen Sie sich Unterstützung.

Der Wunsch – besser abgetrieben zu haben

Bekommen Kinder diesen Gedankengang mit, dann ist dieses mit einem Dolchstoß in die Seele und das Herz Ihres Kindes gleichzusetzen.

Selbst wenn Sie einst in den frühen Phasen der Schwangerschaft diesen Gedanken in Erwägung gezogen haben, so ist doch damals Ihre Entscheidung zu Gunsten des Kindes gefallen.
Denken Sie beim Auftauchen von Problematiken in Ihrem Leben darüber nach, ob ein Abbruch der Schwangerschaft nicht doch besser gewesen wäre, dann mögen Sie sich vielleicht wirklich der Ansicht sein, dass Sie dann weniger Probleme hätten, in der Welt bestehen zu können. Zeitgleich negieren Sie hierdurch jedoch die Anwesenheit Ihres Kindes und Ihrer Gefühle zueinander.

Versuchen Sie sich in die Lage eines Kindes zu versetzen, welches diesen Gedankengang mit- oder sogar als Vorwurf zu hören bekommt. Wie mag es sich wohl fühlen?
Fast seine gesamte emotionale Lebensgrundlage wird ihm im selben Moment entzogen. Es ist dies kein Erdbeben mehr. Vielmehr tut sich urplötzlich die Erde auf und verschluckt das Kind in einem Strudel aus Angst, Verzweiflung und Einsamkeit.
Das Kind fühlt sich von einem Moment auf den anderen nicht mehr geliebt, stellt frühere Gefühle von Liebe und Zuneigung augenblicklich in Frage, beinhaltet die Aussage: *„Ich hätte dich besser abgetrieben!"* doch zeitgleich die Gefühlsaussagen: *„Ich habe dich nie geliebt!"* und *„Ich wünschte, Du wärst tot!"*

Denken Sie nicht mehr darüber nach, ob eine Abtreibung nicht vielleicht besser gewesen wäre.

Denn es ist wie es ist. Ihr Kind ist auf der Welt und Sie lieben es vermutlich sehr. Denken Sie daran, dass Sie sich damals für Ihr Kind entschieden haben.

Hätten Sie jetzt die Wahl:
Würden Sie es heute wirklich für immer hergeben wollen?
Wahrscheinlich nicht.

Stellen Sie sich der Welt und Ihren Problemen.
Sie können es schaffen, Ihr Leben zu meistern
→ in dem Bewusstsein:

**Mein Kind gehört zu meinem Leben
und es ist und bleibt
ein wichtiger Bestandteil davon.**

ANGST UND GEWALT

Wenn Sie in einer Beziehung leben, die von Angst und Gewalt geprägt ist, dann fällt eine Lösung aus dieser meist sehr schwer.

In der Regel geht der Versuch einer Trennung mit einer akuten Bedrohungssituation einher und wird daher aus Angst gar nicht erst gewagt.

Denn ist es zu Ihrem Lebensinhalt geworden, den Partner bloß nicht aufzuregen, damit ihm nicht wieder die Hand ausrutscht bzw. Sie oder Ihre Kinder nicht wieder verprügelt werden, versuchen Sie dieses schon aus reinem Selbstschutz zu unterlassen.

Oftmals sind Sie so gefangen in diesem Bestreben, dass Sie gar nicht mehr auf die Idee zu kommen vermögen, es könne, solle, müsse anders sein.

Vielmals fühlen sich geschlagene Frauen und Männer selbst für die von Seiten des Partners zu erduldenden Gewaltexzesse verantwortlich. Sie sind selbst schuld daran, weil sie nicht in der Lage waren, den an sie gestellten Anforderungen gerecht zu werden. Da haben sie schon wieder das Essen anbrennen lassen, den Rasen nicht pünktlich und ordentlich genug gemäht oder den anderen so lange provoziert, bis er einfach nicht mehr anders konnte, als zuzuschlagen.

Somit sind sie meist der Überzeugung, unfähig, nicht liebenswert und selber schuld zu sein, wenn der Partner die vermeintlich verdiente Unzufriedenheit an Ihnen auslässt.

Zudem entschuldigt sich der Partner ja meistens auch hinterher wieder und schämt sich sogar. Er bemüht sich sehr, die Gewalt ungeschehen erscheinen zu lassen.

Doch meistens haben sich seine innere Unzufriedenheit und die Unfähigkeit, richtig mit dieser umzugehen, irgendwann wieder so weit aufgestaut, dass sie sich fast zwangsläufig in einem neuen Gewaltexzess entlädt.

Eine tiefe Auseinandersetzung mit den Ursachen der Gewalt erfolgt meistens nicht.

Der gewaltausübende Partner bleibt vielmehr der Ansicht, dass dieser Ausbruch durch das Verhalten des geschlagenen Partners veranlasst und dadurch irgendwie gerechtfertigt war.

Es ist dies ein Kreislauf bzw. eine abwärts führende Spirale aus Hoffnung und Angst, Demütigung und immer weiter sinkendem Selbstwert, welche nicht selten in einem Zustand von Zwang, Abhängigkeit und Selbstaufgabe endet.

Wenn Sie sich in einer solchen Situation befinden und immer auf der Hut sein müssen, um nicht wieder Gewalt zu erfahren, machen Sie sich bitte folgendes bewusst:

Sie haben wie jeder andere Mensch das Recht auf seelische und körperliche Unversehrtheit.

Sie brauchen sich das nicht weiter gefallen zu lassen.

Dass Sie sich nicht in der Lage fühlen, laut und deutlich STOPP zu sagen und sich bei Gewalt entschieden abzuwenden, sondern diese erdulden und über sich ergehen lassen, ist Ihr eigener Anteil daran, immer wieder Gewalt zu erfahren.

Sagen Sie innerlich STOPP, können Sie auch im Außen Ihrem gewalttätigen Partner eher den Rücken kehren.

Dieses ist nicht einfach und vermutlich wird dieser versuchen, Sie über das Versprechen, sein zwanghaftes und verletzendes Verhalten abzustellen, wieder an seine Seite zu ziehen. Vielleicht wird Sie dieser aber auch noch extremer bedrohen, so dass Sie es vorziehen könnten, aus Sorge um Ihr oder das Leben Ihrer Kinder, doch weiterhin bei ihm zu bleiben. Auch haben sich in einer langjährigen Beziehung mit Gewalterfahrungen diverse Verhaltensweisen und -mechanismen eingeschliffen und es ist meist sehr schwierig, sich selbständig aus diesen zu befreien.

Dennoch sollten Sie nicht aufgeben.

Erst Recht nicht, wenn Sie Kinder haben. Schon alleine ihretwegen sollten Sie sich überwinden und den Absprung aus der gewalttätigen Beziehung wagen.

Selbst wenn die Kinder nicht zur direkten Zielscheibe der Gewalt werden, sollten Sie sich dennoch fragen, welches Frauen- und Männerbild Sie Ihren Kindern auf Dauer vermitteln.
Auch prägt natürlich Ihre Beziehung das Bild der Kinder von Ehe und Partnerschaft.

Wie Kinder Gewalt zwischen den Eltern tatsächlich erleben und welche Gefühle diese in Ihnen auslösen, können Sie ansatzweise in der nachfolgenden Geschichte lesen, die sich einstimmt auf das Gefühlserleben eines neunjährigen Jungen.
Sie ist Bestandteil einer Unterrichtskonzeption für Dritt- und Viertklässler zum Themenkomplex häusliche Gewalt.[3]

Matthias Geschichte:
Matthias ist neun Jahre alt und geht in die dritte Klasse.
Es war später Abend und er sollte schon lange schlafen, doch das konnte er nicht, denn er war traurig und wütend und er hatte Angst.
Matthias lag im Bett und war ganz leise, damit keiner merkte, dass er noch wach war. Er träumte vor sich hin: „Wenn ich groß bin, dann werde ich so stark wie Superman und beschütze die Schwachen ...oder ich werde zumindest Polizist...“
Doch noch war er ja nicht groß. Er schluckte, kuschelte sich eng an seinen Teddybären und lauschte... Nebenan im Schlafzimmer weinte sich seine Mutter in den Schlaf. So gerne würde er rüber gehen und sie trösten, doch traute er sich nicht. Sein Vater war bestimmt noch wach und so wie der gerade drauf war, war es wohl besser, ihm aus dem Weg zu gehen.

Matthias verstand das nicht.
Der Tag war so schön gewesen, er hatte so viel unternommen und mit seiner Mutter gelacht.

---

3 Zellerhoff, Ulrike; „Wer schlägt hat Unrecht!“, Ein Unterrichtskonzept für die dritte und vierte Klasse zum Themenkomplex Häusliche Gewalt; Sehnde (2011) http://www.trennung-beratung.de/attachments/File/CC/Wer_schlaegt_hat_Unrecht_.pdf

Dann kam Papa von der Arbeit nach Hause, es hatte wohl Ärger gegeben in der Firma und er hatte schlechte Laune. Und dann hat Mama noch das Essen anbrennen lassen. Das hatte wirklich nicht geschmeckt, aber als Papa dann mitten im Essen aufgesprungen ist, seinen Teller auf den Boden gepfeffert hatte und Mama anbrüllte, dass sie zu doof zum Kochen sei, da war er sehr erschrocken und begann zu weinen.

Doch keiner hat ihn getröstet, stattdessen hat ihn sein Vater in sein Zimmer geschickt. Und da saß er dann und hörte, wie seine Eltern sich gestritten haben. Er konnte nicht alles verstehen, aber es waren Worte dabei, die er niemals sagen durfte. Und dann hörte er ein Rumpeln, einen Aufschrei seiner Mutter und dann war es lange ganz still.
Er zog den Kopf ein und traute sich nicht nachzuschauen, doch ihm war klar: Es war schon wieder passiert.
„Ich will das nicht mehr!", dachte er und bohrte seinen Kopf ganz tief in den Bauch seines Teddys.

Er wusste ja auch schon, wie es weitergehen würde.
Am nächsten Morgen würde seine Mutter ein blaues Auge haben und ihm erzählen, dass sie gefallen sei oder sich gestoßen habe und am Nachmittag würde Papa mit einem großen Blumenstrauß ankommen und der Mama sagen, wie lieb er sie doch habe.

Matthias kuschelte sich ganz eng an seinen Teddy und ist dann doch irgendwann eingeschlafen.

Wollen Sie den Absprung aus einer gewalttätigen Beziehung wagen und haben die Sorge, es nicht alleine zu schaffen, so scheuen Sie sich nicht, sich Hilfe an die Seite zu stellen.

Sich Hilfe und Unterstützung zu holen, ist für weibliche Gewalt-
erfahrende meist einfacher, denn es gibt in jeder größeren Stadt
oder in jedem Landkreis ein Frauenhaus, Frauenberatungsstellen
und Notfalltelefone. Dies ist nachvollziehbar, wenn man bedenkt,
dass Frauen öfter von Gewalt betroffen und Männer i.d.R. eher in
der Lage sind, sich besser abzugrenzen und Gewalt abzuwenden.

Sind Sie als Mann betroffen, können Sie sich dennoch ebenfalls
selbst Hilfe organisieren. Wenden Sie sich ggf. an die Koordinierungsstellen gegen häusliche Gewalt, die psychosozialen Dienste
oder die Telefonseelsorge, deren Nummern Sie beispielsweise
über das Internet finden können.

Scheuen Sie sich nicht, in akuten Situationen die Polizei einzuschalten. Die Polizei kann dann den gewalttätigen Partner aus
der Wohnung entfernen und ihm auferlegen, dieser für eine gewisse Zeit fernzubleiben.

Zudem ist körperliche Gewalt unter Partnern Körperverletzung,
die strafrechtlich verfolgt werden kann. Lassen Sie die erlittenen
Verletzungen von einem Arzt dokumentieren und zeigen Sie Ihren Partner an.

Verfolgt und bedroht der Partner Sie oder Ihre Kinder, können
Sie vor Gericht ein Näherungsverbot erwirken. Hält der Partner
sich nicht daran, muss er mit empfindlichen Strafen rechnen.

Trotz allem ist eine Lösung von einem solchen Partner nicht
leicht und es wird einige Zeit dauern, bis Sie wieder zur Ruhe
kommen und die innere Haltung, des „auf der Hut sein müssens"
ablegen können.

Sind Sie als gewaltausübender Partner bereit, sich Ihrer eigenen
Problematik zu stellen, scheuen Sie sich nicht, sich ebenfalls Hilfe
zu suchen. Sie können lernen, mit Konflikten anders umzugehen
und nicht mehr beispielsweise wie bisher, den inneren Druck
mittels Gewalt an Ihrem Partner abzulassen.

Es gibt Kurse, Gruppen und andere Angebote, die Sie über die
Koordinierungsstellen gegen häusliche Gewalt, die psychosozialen Dienste oder die Polizei etc. erfragen können.

TRENNUNG AUS LIEBE

Wem es begegnet, der weiß um die Tragik und damit verbundene Traurigkeit einer „Trennung aus Liebe".

Die Partner lieben sich aus ganzem Herzen, können aber aus in ihnen liegenden Gründen diese Partnerschaft nicht (mehr) wirklich leben. Im Hintergrund liegende, in diesen verdrängte oder in diesem versteckte eigene Bedürfnisse, wie z.B. eine stark unterschiedliche sexuelle Neigung oder der Kinderwunsch nur eines der Partner, können in den Anfangsphasen einer Beziehung oftmals zurückgestellt werden.
Ein vorherrschendes Gefühl ist recht häufig, dass die Liebe zwischen den Partnern alle Schwierigkeiten überwinden wird und auch, dass man aus Liebe zum Partner diese Neigung bzw. das Bedürfnis nicht mehr auszuleben braucht oder darauf verzichten kann. Denn es ist durch die Liebe in der Partnerschaft etwas so viel Größeres in die Welt gestellt worden, als dass das eigene innere Bedürfnis dieses übertreffen könnte.

Doch oftmals kommt dieses innere Bedürfnis wie ein Bumerang auf einen selbst zurück. Ist die Partnerschaft gefestigt, die Euphorie des Verliebtseins ein wenig abgeklungen und der Alltag eingekehrt, meldet sich meist das innere Bedürfnis recht hartnäckig zurück. Je nach Art des Bedürfnisses ist seine Rückkehr mehr oder minder schambesetzt. Trägt ein Mann gerne Frauenkleider oder fühlt sich eine Frau insgeheim eher zum weiblichen Geschlecht hingezogen, ist es oftmals schwierig, sich selbst einzugestehen, anders zu sein.

Ein jeder von uns trägt ein Bild in sich, wie man sein sollte als „normaler" Mann und als „normale" Frau.
Verliebt man sich in einen anderen Menschen, dann versucht man schnell evtl. vorhandenen Vorstellungen und gesellschaftlichen Normen zu entsprechen. Hätte man von Anfang an mit offenen Karten gespielt, wäre es ja möglich gewesen, dass der Partner die Bedürfnisse sehr befremdlich oder sogar abstoßend gefunden und sich deshalb gar nicht erst auf die Beziehung ein-

gelassen hätte. Aus Scham und in der Hoffnung, dass die Liebe diese als unnormal empfundenen inneren Bedürfnisse hinwegzufegen vermag, verleugnet man sich lieber vor dem Partner und oftmals auch vor sich selbst.

Doch kehrt das Bedürfnis eines Tages mit aller Macht zurück oder wird einem selbst erst dann wirklich als innerstes Bedürfnis bewusst, schiebt es sich fast körperlich zwischen einen selbst und den Partner.

Es ist ein schwerer Angang, sich selbst eingestehen zu müssen, dass man sich so in der Partnerschaft nicht wirklich leben kann. Wichtig ist, zu verstehen, dass diese inneren Bedürfnisse einen unabtrennbaren Bestandteil der eigenen Persönlichkeit darstellen, der möglichst ausgelebt werden will (und auch ausgelebt werden kann, sofern die Persönlichkeitsrechte anderer hierdurch nicht verletzt werden).

Es ist eine sehr bittere und traurige Erkenntnis, zu begreifen, dass Liebe allein manchmal eben nicht reicht.

Wenn Sie in der Verleugnung Ihrer innersten Bedürfnisse bleiben, dann bekommt die Beziehung nach und nach immer mehr Schieflage. Diese geht meist einher mit einem heimlichen Ausleben der Bedürfnisse, der damit verbundenen Versteckspiele, mit Unehrlichkeit und Scham.
Der Partner spürt in der Regel, dass etwas nicht stimmt und drängt evtl. auf eine Aussprache und Klärung der Situation. Ein Geständnis erleichtert die Situation jedoch nur bedingt, da hierdurch die an das Bedürfnis gekoppelte Scham noch steigen kann.

Fragen Sie sich selbst, wofür Sie sich eigentlich schämen.
Schämen Sie sich, weil Sie nicht so sind, wie Sie denken sein zu müssen, zu sollen? Oder schämen Sie sich, nicht zu sich selbst stehen zu können?
Erkennen Sie an, dass dieses Bedürfnis zu Ihnen gehört, dann können Sie die Scham, nicht den vermeintlichen Erwartungen zu entsprechen, eher ablegen und beginnen, sich selber anzunehmen und zu sich selbst zu stehen.

Sie sollten sich bewusst machen, dass Sie sich gegenseitig auf Dauer tief verletzen würden, wenn Sie nicht ehrlich und aufrichtig zu sich selbst und Ihrer Partnerin sind. Evtl. ist diese ja sogar in der Lage, Ihr Bedürfnis gemeinsam mit Ihnen auszuleben, mit Ihnen zu tragen oder es zumindest zu tolerieren. Sie muss jedoch die Chance haben, sich unter diesen neuen Vorzeichen bzw. in Kenntnis der Wahrheit neu für Sie entscheiden zu können. Sie braucht die Freiheit der Wahl und die Entscheidungsmöglichkeit. Ist es für Ihre Partnerin nicht möglich, die zu Ihnen gehörenden innersten Bedürfnisse zu tolerieren, gemeinsam mit Ihnen auszuleben oder zu tragen, weil es ihr selbst und ihren inneren Werten widerspricht, muss Sie die Möglichkeit haben, sich, trotz der vorhandenen Liebe für Sie und aus der Liebe zu sich selbst heraus, für ein Leben ohne die Beziehung zu entscheiden.

Es kann auch geschehen, dass Sie im Laufe der Zeit festgestellt haben, dass Sie Ihre inneren Bedürfnisse in der Partnerschaft tatsächlich nicht ausleben können. Was sollen Sie tun, wenn Sie sich z.B. im Laufe der Jahre eingestehen mussten, dass Sie wohl doch homosexuell veranlagt sind?

Lieben Sie sich selbst und Ihren Partner, dann ist es an der Zeit, auszupacken und zu sich selbst zu stehen.

Kommt es daraufhin zu einer Trennung, ist dieses sehr tragisch und traurig. Und dennoch ist es besser, sich gegenseitig loszulassen und eine neue Chance für jeden zu eröffnen, sein Leben eigenständig zu gestalten.

Wenn die Partner sich aus ganzem Herzen lieben und zeitgleich spüren, dass sie einfach nicht (mehr) zusammen passen, dann kommt es zu einer Trennung aus Liebe.
Man trennt sich, eben weil man den anderen liebt und möchte, dass dieser sich aus ganzem Herzen und in allen seinen Facetten leben kann. Und es kommt auch deswegen zur Trennung, weil man sich selber liebt und erkennt, dass man dieses nicht (mehr) in dieser Partnerschaft tragen bzw. leben kann.

KAPITEL 4

FALLSTRICKE

Der Begriff „Fallstricke" bezeichnet solche Problematiken, die eine Trennung sehr erschweren oder sogar blockieren können.

Oftmals stehen diverse innere Glaubenssätze, verinnerlichte Wertvorstellungen, gesellschaftliche Normen und eine Selbstdefinition über ebendiese einer Bearbeitung der Trennung, einer erfolgreichen Lösung aus der Partnerschaft und einem wirklichen Neubeginn entgegen.

Der Thematik der Schuld kommt hierbei eine besondere Bedeutung zu. So gilt erst einmal zu klären, wie „Schuld" im Rahmen einer Trennung überhaupt zu verstehen ist und auch, wer diese wann, wie und warum überhaupt zu tragen hat.
Meist kann erst nach einer solchen inneren Auseinandersetzung der Blick wirklich frei werden auf andere Problematiken.

Diese wiederum stellen sich fast immer dar als kaum zu entwirrendes Knäuel aus folgenden Thematiken:

← Abhängigkeit ⇄ Selbstdefinition ⇄ Selbstwert →

Teils noch gepaart mit anderen Sachverhalten wie inneren Ängsten und Bedürfnissen, heimlichen Wünschen, gemachten Erfahrungen etc., bringen sie einen schnell ins Straucheln.

Die Liste der benannten Problematiken ist längst nicht vollständig und kann sich nur den gängigsten widmen, selbst wenn sich viele Fallstricke ähneln, sind sie bei jedem Menschen doch individuell verschieden. Denn ein jeder Mensch macht seine eigenen persönlichen Erfahrungen und bildet hieraus, in Auseinandersetzung mit sich selbst und seiner Umwelt, seine ureigensten bewussten sowie unbewussten Glaubenssätze und Wertvorstellungen, Wünsche, Ziele und Erwartungen.

SCHULD

Vor nahezu 35 Jahren wurde in deutschen Scheidungsverfahren das sogenannte Schuldprinzip durch das zeitgemäßere Zerrüttungsprinzip ersetzt. Vordem waren Ehen in der Regel nur dann offiziell trennbar, wenn sich mindestens einer der Partner zu Lasten des anderen schuldig gemacht hatte.
Einvernehmliche Trennungen waren nur schwer durchsetzbar und meist nur mit einer offiziellen Schuldübernahme durch beide oder einen der Partner möglich.

Obwohl das Zerrüttungsprinzip anerkennt, dass eine Beziehung auch ohne ein Verschulden von Seiten mindestens eines Partners scheitern kann, sind die meisten zerrütteten Paare immer noch auf der Suche nach der Schuld.
Die Suche nach der Ursache der Trennung, nach dem Trennungsgrund, an der wir das Scheitern der Beziehung und die Trennung festmachen können, endet nicht selten in gegenseitigen Vorwürfen und der Suche nach **der Schuld** schlechthin.

Gehen wir in uns und erforschen unser Verständnis von Recht und Moral, dann kommen die meisten Menschen aus unserem Kulturkreis nicht umhin, sich folgendes einzugestehen:

Unserem Verständnis des Begriffes der Schuld liegt zugrunde, dass hinter dieser immer ein grob fahrlässiges oder sogar ein bewusstes Handeln steht.

Wer die Schuld hat, also schuldig ist, der bekommt nicht nur die gesamte Verantwortung zugewiesen. Ihm wird auch direkt oder indirekt unterstellt, in absichtlicher oder zumindest grob fahrlässiger Weise den anderen geschädigt zu haben. Und somit hat der Schuldige die Schädigung des anderen billigend in Kauf genommen oder sogar bewusst und absichtlich begangen.
Da dieses beim Scheitern einer Beziehung jedoch eher seltener der Fall ist, sondern in der Regel beide Partner Ihren Teil dazu beitragen, dass die Partnerschaft in die Krise schlittert und ggf. daran zerschellt, ist natürlich keiner von beiden bereit, den „schwarzen Peter" zugewiesen zu bekommen.

Beide Seiten fühlen sich mehr oder minder gleichermaßen unschuldig, weisen die angebliche Schuld weit von sich und geben den „schwarzen Peter" augenblicklich zurück.
Dieses gelingt am ehesten und vermeintlich am effektivsten, wenn man dem anderen wiederum die Schuld gibt. Denn dann braucht man sich nicht wirklich mit den eigenen Anteilen an der Beziehungskrise auseinanderzusetzen.

Gerne wird der Begriff der Schuld auch genutzt, um sich selbst aus dem aktiven Part einer Art Täterposition herauszubringen. Hat der andere die Schuld, dann reagiere ich nur auf das, was er tut oder unterlässt. Somit bin ich nicht der Akteur und nicht wirklich für mein Handeln verantwortlich, sondern der andere.

Dieses „Spiel" kann man solange weitertreiben, bis nichts mehr vorhanden ist von dem, was die Menschen einst zusammen brachte und was die Beziehung nähren kann.
Irgendwann sind die gegenseitig zugefügten Wunden so groß und schmerzhaft, dass die Beziehung auf Kurz oder Lang zum Scheitern verurteilt ist.

Ersetzen wir den Begriff der Schuld mit dem der Verantwortung, dann kommen wir ein wenig heraus aus dem unterschwellig vorhandenen Gefühl der grob fahrlässigen oder bewussten Schädigungsabsicht durch den jeweils anderen Partner. Dieses macht den Blick ein wenig freier für die eigene Verantwortlichkeit und das Erkennen der eigenen Anteile am Scheitern der Beziehung.

Das Anerkennen eigener begangener Fehler, Überreaktionen und Kurzschlusshandlungen eröffnet die Möglichkeit einer tiefen Auseinandersetzung mit sich selbst. So bringt einen diese kritische Innenschau oftmals nicht nur näher an die eigenen inneren Erwartungen, Ängste, vorhandenen Unzulänglichkeiten und noch evtl. ungelöste Problematiken heran. Anhand einer solchen inneren Auseinandersetzung wird möglich, diese in das Bewusstsein zu holen, sie zu bearbeiten und sich zu verändern.

Hierin bietet sich eine Chance, innerlich zu wachsen, zu reifen und sich weiterzuentwickeln.

Du bist Schuld an meinem Unglück!

Vermutlich kennt fast jeder das Gefühl eines Jugendlichen in der Schule, dem der Lehrer mal wieder eine 5 in der Klassenarbeit „reingedrückt" hat. Die Verantwortung und Schuld für die schlechte Note wird schnell bei dem Lehrer gesucht und vermeintlich auch gefunden. Der ist dann halt doof!
Als Erwachsene wissen wir jedoch recht gut, dass wir selbst die Verantwortung dafür getragen haben, uns auf diese Arbeit entsprechend vorzubereiten.
Dennoch bleibt dieses Verhaltensmuster in abgewandelter Form häufig bestehen. So machen wir gerne den Kollegen verantwortlich, wenn etwas nicht richtig läuft. Er hat dann beispielsweise eine wichtige Arbeitsanweisung nicht richtig erklärt. Auf die Idee, dass man auch hätte nachfragen können, kommt man vielleicht schon, verdrängt diese aber meistens wieder. Würde diese Idee nicht verdrängt, müsste man sich eingestehen, vielleicht einen Fehler gemacht zu haben oder nachlässig gewesen zu sein. Da dieses Gefühl nicht gerade angenehm ist, wird es oftmals schnell verleugnet.

In einer Partnerschaft geben wir gerne die Verantwortung für die innere Zufriedenheit und das Gefühl des Glücklichseins an den Partner weiter. Wir kommen gar nicht erst auf den Gedanken, dass wir selbst diejenigen sind, die für die eigene Zufriedenheit und das eigene Glück die Verantwortung tragen. Wir erwarten von unserem Partner, dass er uns in der Beziehung glücklich macht. Und doch finden wir unser jeweiliges Glück und Glücksgefühl nur in uns selbst, sind wir es doch, die, ein jeder für sich, dieses empfinden können.

Nach einer Trennung suchen wir in uns und dem ehemaligen Partner nach den Gründen für das Scheitern der Beziehung.

Da wir meist noch sehr getroffen sind und den Schmerz der Erkenntnis über die eigenen Unzulänglichkeiten (noch) nicht fühlen wollen oder können, ergehen wir uns oft in Schuldvorwürfen.

Hierdurch fühlen wir uns vermeintlich besser, denn wir können den ganzen Unmut und sonstigen „Müll", der sich in den letzten Jahren bei uns angesammelt hat, bei unserem ehemaligen Partner abladen und müssen nicht auf unsere eigene Verantwortlichkeit schauen.

Normalerweise kommen Sie im Laufe des Trennungsprozesses eines Tages an den Punkt, an dem Sie sich auch mit Ihrer „Schuld", also Ihren eigenen Anteilen am Scheitern der Beziehung und den von Ihnen begangenen Fehlern auseinandersetzen können und wollen.

Mancher Mensch jedoch ist hierzu nicht in der Lage und bleibt sozusagen in den Schuldvorwürfen hängen. Er hört nicht auf und kann es nicht lassen, dem anderen nach wie vor die Schuld zuzuschreiben und ihn verantwortlich zu machen. So werden Ihnen gegenüber ggf. immer wieder und weitere Schuldzuweisungen erhoben, da Ihr ehemaliger Partner nicht bereit oder in der Lage ist, seine eigene Verantwortlichkeit zu übernehmen.

Ist dieses der Fall, dann passiert es recht oft, dass wir einen Teil an vermeintlicher Schuld übernehmen und in uns tragen, obwohl sie nicht wirklich die unsere ist. Es ist fast so, als ob wir anerkennen würden, dass die Schuld ja irgendwo hin muss. Übernimmt der andere sie nicht, dann müssen wir sie wohl notgedrungen nehmen und tragen.

Und doch könnten wir sie auch einfach im Raum stehen lassen, denn niemand kann uns tatsächlich zwingen, eine Verantwortung anzunehmen, die nicht die unsere ist.

So ist es an Ihnen selbst, wie Sie mit den Ihnen gemachten Schuldvorwürfen umgehen wollen und werden:

> → Ob Sie diese annehmen,
> → von sich weisen
> → oder im Raum stehen lassen.

Stellen Sie es sich bitte einmal wirklich bildhaft vor:

Ihr Partner, Ihre Partnerin kommt mit einem riesigen Sack von Schuldvorwürfen zu Ihnen, schüttet diesen direkt vor Ihren Füßen aus und sagt:

"Hier, Du... das ist Deine Schuld, nimm Sie!"

Sie schauen sich das Ganze an, heben das eine oder andere auf, betrachten und begutachten es näher. Einiges stecken Sie ein, weil Sie denken:

`**Ja, das ist meins, das nehm ich mir, das nehme ich an.**´

Anderes lassen Sie einfach liegen, denn es gehört nicht zu Ihnen, sondern zu Ihrem Partner.
Ob dieser es dann aufhebt, das ist einzig und allein die Sache Ihres Partners. Es liegt in seiner eigenen Verantwortung, ob er seinen Anteil sehen, anerkennen und annehmen möchte oder nicht.

Sie haben sich jedoch damit auseinandergesetzt und können den Anteil Ihres Partners von sich weisen.
Selbst wenn sich Ihr Partner auf den Kopf stellen würde, Sie brauchen seinen Anteil nicht anzunehmen.
Ja, Sie brauchen noch nicht einmal darum zu kämpfen, ob er diesen endlich anerkennt und annimmt, denn dieses ist nicht Ihr Problem, sondern das Ihres Partners.

Manche Schuldvorwürfe entpuppen sich sogar bei näherem Betrachten als nicht (mehr) wirklich zutreffend bzw. unwahr und sind somit hinfällig und irrelevant.

Im Laufe des Trennungsprozesses stellt sich ja i.d.R. irgendwann die Frage nach den eigenen Anteilen am Scheitern der Beziehung. Welche Fehler wurden gemacht? Wo stand man sich selbst im Weg? Was hat man unterlassen? Wo war man ungerecht? und Wieso hat man nicht richtig und offen miteinander über die jeweiligen Erwartungen und Bedürfnisse kommunizieren können?

Auch steht natürlich die Frage im Raum, was man selbst hätte anders machen können und sollen, um das Scheitern der Beziehung zu verhindern, bzw. abzuwenden.

Manchmal ist diese Frage jedoch auch lange nach einer Trennung noch gepaart mit der Hoffnung:
→ Wenn ich weiß, was ich falsch gemacht habe, dann kann ich meine Fehler abstellen und mich ändern.
→ Wenn ich mich ändere, dann kommt mein Partner (hoffentlich oder gewiss) zu mir zurück.

Und so schaut man verstärkt auf eigene Fehler und Unzulänglichkeiten. Die Anteile und Verantwortlichkeiten des ehemaligen Partners werden mehr oder weniger in den Hintergrund gedrängt. Hierdurch wird die Verantwortung fast komplett auf die eigenen Schultern genommen und eine kritische Auseinandersetzung mit den Anteilen beider Partner am Scheitern der Beziehung weitestgehend unterbunden.

So manch einer trägt schwer an diesen Gefühlen der Schuld.

Wie gerne würde man die Last ablegen oder abgeben und hat das Gefühl, dies nicht zu können. Denn wie bei den gemachten Schuldvorwürfen entsteht oftmals folgender Gedankenschluss:
Die Schuld ist vorhanden und irgendeiner muss sie übernehmen, denn sie kann ja nicht einfach irgendwo liegen bleiben. Habe ich die Schuld und damit die Verantwortung übernommen, dann habe ich sie zu tragen. Ich bin ihr verpflichtet und an sie gebunden.

Sie können jedoch eine Verantwortung, die nicht wirklich die Ihre ist, auch dann ablegen, wenn niemand anderes bereit sein sollte, sie zu übernehmen.

Auch dieses stellen Sie sich bitte einmal bildhaft vor:

Sie gehen durch die Welt wie ein altes Hutzelweib durch den Wald. Auf Ihrem krummen Rücken schleppen Sie einen riesigen Packen Reisig mit sich herum.
Sie drohen zu zerbrechen unter der schweren Last und kommen immer wieder ins Straucheln, denn der Weg ist meistens uneben und eng.

An der nächsten Lichtung machen Sie Rast und laden den großen Packen Reisig von Ihrem schmerzenden Rücken ab. Sie strecken sich ausgiebig und reiben Ihre schmerzenden Knochen. Doch diesmal laden Sie den schweren Packen nicht einfach wieder auf Ihren Rücken, wie sonst.
Nein, Sie machen sich daran, den Reisighaufen zu sortieren. Nehmen Sie die Reisigstöckchen nacheinander zur Hand. Manche sind so morsch, dass sie sofort in sich zerbröseln. Andere behagen Ihnen nicht, die wollen Sie nicht weiter mit sich herumschleppen und andere wiederum sind die Ihren.
‚Ja, das ist meins, das nehm ich mir, das nehme ich an.´

Ebenso wie bei der Übung zu den Schuldvorwürfen überlegen Sie sich, worin Ihr eigener Anteil, Ihre eigene Verantwortung, Ihre Schuld liegt.
Dieses nehmen Sie an und das andere lassen Sie liegen.

Nimmt ihr Partner seinen Anteil, seine Schuld nicht an, ist dieses nicht Ihre Schuld und liegt nicht in Ihrer Verantwortung. Ob er seinen Teil anerkennt und annimmt oder ob dieser im Wald verrottet, ist ein Punkt, der Sie nicht mehr tangiert.

Und dann packen Sie Ihr viel kleiner gewordenes Reisigbündel, packen es sich wieder auf den Buckel und gehen Ihrer Wege...

Diese innere Fragestellung ist eine der Grundlagen für das Gefühl des Selbstmitleids und lässt einen fast unweigerlich in einer Art seelischer Lähmung und Stagnation zurück.
Geht es doch bei dieser Frage nicht wirklich um eine Klärung, ob und wieso man DAS nun tatsächlich verdient haben könnte.

Versinkt man in dem Gefühl des Selbstmitleids, werden eigene Anteile am Scheitern der Beziehung meist nur sehr verschwommen wahrgenommen oder aber komplett verdrängt.

Häufig ist eines der vorherrschenden Gefühle, sich immer sehr bemüht und auch immer alles richtig gemacht zu haben.
Der andere wollte oder konnte dieses jedoch weder sehen noch anerkennen. Urplötzlich benimmt sich dieser dann sozusagen daneben und man weiß gar nicht wieso. Evtl. fühlt man sich durch den anderen regelrecht ausgenutzt, in die Ecke gestellt oder einfach als Opfer widriger Umstände.

Durch die in den leeren Raum gestellte Frage: *„Womit habe ich das verdient?"*, nimmt man diese Opferrolle quasi an und stellt sich vor anderen und auch sich selbst als Opfer dar.

Meist liegt die innere Überzeugung vor:
„Ich hätte tun können, was auch immer ich gewollt hätte, es wäre mir wohl sowieso widerfahren. Aber ich habe mir selbst nichts vorzuwerfen, denn ich habe immer mein Bestes gegeben. Nur der andere oder das Leben an sich hat mir dafür dann auch noch einen Fußtritt verpasst und ist schuld."
Bei diesem Gedankengang ist man nicht selbst verantwortlich, sondern der ehemalige Partner, die Gesellschaft oder die lebensfeindliche Umgebung etc.

Jedoch, was geschehen ist, ist nun mal geschehen. Die Zeit ist nicht zurückdrehbar und im Fall einer Partnerschaftskrise oder Trennung hat man immer selbst auch seinen eigenen Anteil daran, dass es dazu gekommen ist.

Es ist wichtig zu erkennen, dass man nicht einfach nur ein Spielball des Schicksals war bzw. ist und daran nichts ändern kann.

Vielmehr gilt es, endlich die lähmende Passivität der Opferrolle zu verlassen und sich aktiv dem eigenen Schicksal zu stellen:

So ist es an der Zeit, sich bewusst zu machen, dass man in dieser vermeintlichen Passivität der Opferrolle nicht wirklich nur passiv ist. Vielmehr werden in dieser aktiv die wirklichen Hintergründe des Scheiterns der Beziehung und der eigenen Anteile verdrängt. Eine Übernahme der eigenen Verantwortung wird weit von sich geschoben.

Zudem sollte man sich folgendes klar machen:
Hängt man in der Opferrolle und im Selbstmitleid fest, dann braucht man sich nicht wirklich mit einem neuen Zukunftsentwurf auseinanderzusetzen. Man hat so viel damit zu schaffen, sich selbst zu bemitleiden und ggf. auch das Mitleid von anderen Menschen auf sich zu ziehen. Für den Weg in eine zufriedenstellende und erfüllende Zukunft stehen dann gar nicht genügend Ressourcen zur Verfügung.

Ist man jedoch dazu bereit, sich wieder aktiv in das eigene Leben zu stellen und die Opferrolle aufzugeben, dann wird man nicht umhinkommen, sich seinen eigenen Tiefen zu stellen.

Hierdurch und durch die Auseinandersetzung der jeweiligen Anteile am Scheitern der Beziehung, eröffnen sich Möglichkeiten, wieder neu, anders und frei ins Leben zu treten.

Verrat an der Beziehung

Manche Menschen empfinden den sich trennen wollenden Partner als Verräter. Hatte sich dieser doch einst zu seinem Gefährten bekannt und haben beide gemeinsam etwas Neues aufgebaut und somit geschaffen. Und nun möchte er auf einmal dieses alles einfach wegwerfen und sein Leben mal eben anders und ohne den bisherigen Partner gestalten.

So ist man schuldlos dort hineingeraten, wurde vom Partner einfach so aufs „Abstellgleis“ geschoben und steht urplötzlich vor den Trümmern des eigenen Lebens. Dieses hat eindeutig der

Gefährte verursacht, denn er ist gegangen. Er hat das Alte hinter sich gelassen und sich hierdurch als Verräter an allem, was beiden einst heilig war, erwiesen. Somit hat er jetzt nicht nur die Schuld zu tragen, sondern ist zudem als Verräter eindeutig, als ein aktiver und bewusster Täter, entlarvt:

Dieser empfundene Verrat am Partner, der Liebe sowie dem gemeinsamen Lebensmodell entpuppt sich bei näherem Hinsehen jedoch nicht selten auch als ein schmerzhaftes Erkennen verpasster Chancen und als jetzt evtl. falsch empfundene und nicht mehr rückgängig zu machende Entscheidungen.

Das Erkennen der eigenen Anteile daran und die Anerkennung dessen, dass man damals auch eigene vom Partner unabhängige Gründe für das gemeinsame Lebensmodell hatte, ist ein erster Schritt zur Aussöhnung mit sich selbst. So wird es leichter, die Schuldzuweisung fallenlassen zu können, sowie den ehemaligen Partner wirklich los- und in ein eigenes Leben ziehen zu lassen.

Durch das Stellen in die eigene Verantwortung und die Aussöhnung mit der eigenen Lebensgeschichte werden neue und auch alte Ressourcen freigelegt, die den Weg in ein neues und eigenständiges Leben ohne großen Groll auf den ehemaligen Gefährten eröffnen können.

ABHÄNGKEIT↔SELBSTDEFINITION↔SELBSTWERT

Hat man die Frage nach der Schuld ein Stück weit hinter sich lassen können und sich der eigenen Verantwortung gestellt, kann man sich und seine verletzen Gefühle nicht mehr dahinter verstecken. Nun zeigen sich evtl. vorhandene andere „Fallstricke" deutlicher und pochen auf innere Zuwendung und Bearbeitung.

Nicht selten stellen wir unseren Partner, die Familie oder gemeinsam erschaffene materielle Werte in unseren Mittelpunkt. Auch ist vielen Menschen die Wirkung nach außen ein sehr wichtiges Anliegen.

Kommt es nun zu Problemen in der Partnerschaft, fühlen wir uns oftmals seelisch mehr als angeschlagen, wo sich doch unser Mittelpunkt von einem Tag zum anderen aufzulösen scheint.

Ist die Trennung unabwendbar und wird sie eines Tages zum unausweichlichen Fakt, hängen wir nicht selten im Dilemma.

Über die Definition der Partnerschaft und als Teil unseres Selbst haben wir uns möglicherweise materiell und finanziell, oft aber auch seelisch von unserem Partner abhängig gemacht. Geht dieser eines Tages seiner Wege, fühlen wir uns nicht selten haltlos und verzweifelt. Nicht wenige Menschen sind zudem gefangen in einer Empfindung des persönlichen Versagens. So können sie das Gefühl empfinden, nicht gut genug gewesen oder nicht genug geliebt zu haben und daher nicht in der Lage gewesen zu sein, den Partner zu halten. Aus einer solch negativen Gedanken- und Gefühlsspirale kann recht schnell diese oder eine ähnliche Überzeugung erwachsen: *„Ich war nicht gut genug, nicht liebenswert genug → ich war es nicht wert, so geliebt zu werden, dass der Partner bei mir blieb. Somit bin ich nicht liebenswert."* o.ä.

In jedem Fall leidet das Selbstwertgefühl darunter sehr und rutscht nicht selten in den sprichwörtlichen Keller.

So sind die nachfolgenden „Fallstricke" fast immer eine variable Mischung der miteinander verknüpften Problematiken Abhängigkeit, unrealistische Selbstdefinition und Selbstabwertung.

Auch wenn sich die Zeiten dahingehend geändert haben, dass ein jeder Mensch die gleichen Rechte hat und individuell sehr unterschiedliche Lebensplanungen und -modelle gleichermaßen anerkannt sind, ist das klassische familiäre Lebensmodell immer noch die gesellschaftliche Norm, an der man sich orientiert.

Die meisten von uns haben früher Rollenspiele wie „Vater, Mutter, Kind" gespielt und auch heute noch ist es üblich, dass Mädchen eher Puppen geschenkt bekommen und der Mutter in der Küche zur Hand gehen, während Jungen mit Autos spielen und lernen, wie man beispielsweise eine Bohrmaschine bedient.

Genährt durch die gesellschaftliche Norm und das romantische Bild von Liebe und Partnerschaft, entsteht auch heute noch in jungen Menschen der Traum von einer perfekten Ehe.

Erstrebenswert ist oftmals ein Leben mit einem Menschen an der Seite, der liebevoller Ehepartner und evtl. auch Vater bzw. Mutter von ein bis zwei Kindern ist. Das eigene Häuschen, der solide Neuwagen, ein erfüllender Beruf zumindest eines der Partner und regelmäßige Urlaube runden das harmonische Bild ab.

Und so macht man sich auf die Suche und findet eines Tages seinen passenden Partner, mit dem dieser Traum in der Realität erfüllt werden kann.

Kommt es zu Problemen in der Partnerschaft, beginnt diese romantische Verklärung zu bröckeln. Die vermeintliche Harmonie entpuppt sich bei näherem Hinsehen möglicherweise als Makulatur, die nach und nach Risse bekommen hat. Schwindet die Liebe und man versucht zu ergründen, was einen sonst oder überhaupt noch verbindet, findet man sich oftmals gebunden in einer Verstrickung aus diversen Abhängigkeiten.

Obwohl sich die Zeiten geändert haben und normalerweise eine eigene Berufsausbildung absolviert wurde, stellen sich auch heute noch viele Frauen mehr oder minder freiwillig in eine finanzielle Abhängigkeit von ihrem Partner. Das Bild des Mannes als Versorger ist immer noch tief in unserer Gesellschaft verankert.

Nicht wenige Frauen bleiben daheim und kümmern sich um Haushalt und Kinder. Ein kleiner Job nebenher ist für viele noch vertretbar. Frauen als Hauptverdiener oder mit einer höherwertigen Ausbildung als der Partner sind jedoch immer noch eher die Seltenheit.
Auch ist es bei vielen Paaren nach wie vor üblich, dass der Mann die Finanzen verwaltet und die Bankgeschäfte etc. tätigt.

Tauchen leise Trennungsgedanken auf, stellt sich vielen Frauen die Frage, wie ein eigenständiges Leben überhaupt zu finanzieren sein könnte. Wenn sie beispielsweise schon jahrelang aus dem Berufsleben ausgestiegen waren, bleibt unsicher, ob ein Wiedereinstieg überhaupt zu schaffen ist. Oftmals werden Trennungsgedanken aus dem Grund verworfen, dass die Angst vor der wagen finanziellen Zukunft einfach zu groß ist.

Vielleicht haben Sie sich auch finanziell aneinander gebunden, in dem Sie einige Kredite aufgenommen haben, um ein Haus, ein Auto und ähnliches zu finanzieren.
Trennen Sie sich, dann sind diese materiellen Werte vermutlich nicht mehr aufrecht zu erhalten oder ihr Erhalt zumindest gefährdet. Möchte man dieses nicht riskieren, weil man glaubt, sonst den Kindern das Zuhause zu nehmen o.ä., dann hängt man in einer regelrechten Zwickmühle fest. Lieber bleibt man oftmals in einer unglücklichen Beziehung und versucht sich zu arrangieren, als die gemeinsamen materiellen Güter aufzugeben.
Kinder finden es natürlich nicht toll, wenn ein Zuhause aufgegeben werden muss. Dennoch ist es für diese wichtiger, in einer liebevollen und aufrichtigen Umgebung aufzuwachsen, als in einem eigenen Haus, dessen Erhalt gepaart ist mit emotionaler Kälte oder einem Pulverfass aus aufgestauter Unzufriedenheit.

Obwohl eine Trennung bei näherem Hinsehen für die Partner vermutlich sinnvoller wäre, bleiben etliche Paare zusammen, um sich nach Außen keine Blöße zu geben.

Nicht selten tun sie das, um beide ihren Kindern weiterhin Eltern sein zu können und lassen dabei völlig außer Acht, dass sie hierfür nicht zwangsläufig als Paar zusammen leben müssten. Auch bedenken sie nicht, welche frühkindlichen Prägungsmuster sie in Bezug auf Liebe, Partnerschaft, Familie und auch auf den Umgang mit eigenen Bedürfnissen bei ihren Kindern setzen.

Was auch immer dahinter stehen mag und als Grund nach vorne geschoben wird, seien es die Kinder, der gesellschaftliche Status, die gemeinsam geschaffenen Werte etc., geht es hierbei doch fast immer um das vermeintliche Bild der heilen Familie und der tollen Beziehung, das nach Außen vermittelt werden soll.
Der Satz, *„Was sollen nur die Nachbarn denken?"*, ist vielen von uns nicht fremd. Die Angst vor gesellschaftlicher Ächtung und ggf. auch Ausgrenzung bringt nicht wenige Paare dazu, sich dem verinnerlichten Bild des vermeintlich abwertenden Blickes der Nachbarn, der weiterläufigen Familie etc., ja der Gesellschaft an sich, unterzuordnen, auch wenn es in der Beziehung innerlich brodelt.
Dieses jedoch verhindert eine Lösung der partnerschaftlichen Problematik. So sind nicht selten unterschwellige Konflikte vorhanden, wodurch die Liebe im Laufe der Zeit schwindet. Wird die Beziehung oberflächlich und wandelt sich zu einer reinen Zweckgemeinschaft, sind unglückliche Partner keine Seltenheit.

Nicht selten gelingt der Ausstieg aus dieser Problematik erst dann, wenn Krankheit und Beschwerden dazu zwingen, genauer hinzuschauen. Evtl. geht auch ein Partner fremd und die „Scheinbeziehung" ist nicht mehr aufrechtzuerhalten. Vielleicht sind aber auch eines Tages einer oder sogar beide Partner bereit, sich selbst und ihr eigenes Glück höherwertiger einzustufen, als den vermeintlich ächtenden Blick der Gesellschaft.

Wer kennt das nicht? Manchmal sind wir mit unserem Leben zwar nicht sonderlich zufrieden, belassen es aber in der bisherigen Konstellation. Meist bietet sich keine sinnvolle Alternative, die uns den Ansporn gibt, uns zu verändern und das Leben neu und anders zu gestalten.

Dies macht natürlich auch vor Partnerschaften nicht halt.

Kehrt irgendwann der Alltag ein, ist der Zauber des Verliebtseins entschwunden und keine wirklich grundlegende Basis zwischen den Partnern vorhanden, macht sich bei so manchem Ernüchterung breit. Und doch wird die Option auf Trennung nicht selten mangels besserer Gelegenheit verschoben.

Die Idee, allein zu sein, ist für einige Menschen so schwer auszuhalten, dass diese lieber in der möglicherweise sogar unglücklichen Beziehung verharren, als die Gefahr zu riskieren, plötzlich ohne einen Partner dazustehen. Lieber bleiben sie in der Beziehung, denn selbst wenn einer oder beide Partner in dieser nicht (mehr) wirklich glücklich sind, bietet sie ihnen ein gewisses Maß an Struktur und Sicherheit. Und so wird lieber viel ertragen, als sich der Ungewissheit des Neuen zu stellen.

Nicht selten werden auch die Bequemlichkeiten des Zusammenlebens einem eigenständigen Leben vorgezogen. Habe ich jemanden, der das Geld nach Hause bringt, mich versorgt, die Wohnung in Ordnung hält etc. und mir dann vielleicht auch noch ab und an für das Ausleben meiner Sexualität zur Verfügung steht, dann ist der Ansporn eher gering, sich aus der Beziehung zu lösen.

Anstatt den Sprung in die Eigenständigkeit zu wagen, bleibt man lieber und ergeht sich in Träumen. So gibt es nicht wenige Menschen in unglücklichen Partnerschaften, die hoffen, irgendwann ihrem Traumpartner zu begegnen, für den sie sich dann aus ihrer unglücklichen Beziehung befreien würden bzw. könnten.

Stellen Sie sich die Frage, ob sie wirklich mit einem Partner leben können und möchten, der Sie nicht liebt oder den sie nicht lieben.

Birgt nicht der Sprung in die Eigenständigkeit die Chance, sein Glück neu zu finden? In sich selbst und möglicherweise auch mit einem Partner, mit dem es besser passt?

DANKBARKEIT VERPFLICHTET

Leben Sie lange in einer Beziehung, dann spricht nicht nur die deutsche Sozialgesetzgebung von einer „Einstandsgemeinschaft". Es entspricht dies vielmehr den tatsächlichen Empfindungen von und in einer Partnerschaft. Sie sind für einander da, in guten und in schlechten Zeiten, unterstützen sich gegenseitig nicht nur finanziell, sondern vor allem auch emotional. Sie haben gemeinschaftliche Werte geschaffen, wie z.B. eine Firma aufgebaut, ein Haus errichtet o.ä. und evtl. auch gemeinsame Kinder.

Kommt es eines Tages zu schwerwiegenden Problemen in der Beziehung, haben nicht wenige Menschen ein schlechtes Gewissen, den anderen durch eine Trennung sprichwörtlich in Stich zu lassen. Sie sind dem anderen dankbar für das gemeinsam Erarbeitete und fühlen sich daher oftmals verpflichtet, trotz einem hohen Maß an eigener seelischer Belastung, die Beziehung aufrecht erhalten zu müssen. Erschwert werden kann dieses Gefühl der Dankbarkeitsverpflichtung, wenn einer der Partner krank ist oder anderweitige Schwierigkeiten hat, sein Leben für sich alleine meistern zu können.
So wird in diesem Fall ein aufkeimender Trennungsgedanke oftmals lange unterbunden. Das Gefühl, sich durch eine Trennung als undankbar erweisen zu können, ist für viele Menschen nur schwer auszuhalten. Nicht selten wird dieses als eine Art Schande empfunden und bereitet ein hohes Maß an schlechtem Gewissen.

Vielleicht werden Trennungswünsche und -absichten auch deshalb in die Zukunft verschoben.

„Wenn die Kinder aus dem Haus sind,...; „Wenn das Haus abbezahlt ist,...; „Wenn die schwere Operation des Partners erfolgreich über die Bühne gegangen ist und es ihm wieder besser geht,...-...dann werde ich mich trennen!", sind übliche Gedankengänge. Sie haben meist den unbewussten Sinn bzw. Zweck, das eigene schlechte Gewissen einzudämmen.

Durch eine Verschiebung der Trennung in die meist noch recht weit entfernte Zukunft, hat man einerseits die Möglichkeit, die Gegenwart besser ertragen und aushalten zu können. Andererseits muss man sich dem Gefühl evtl. undankbar zu sein, derzeit noch nicht wirklich stellen.

Sind Sie in Ihrer Beziehung unglücklich, weil die Liebe zu oder auch von Ihrem Partner entschwunden ist, liegt es an Ihnen, für sich selbst zu ergründen, was sie beide noch verbindet. Halten Sie eine Beziehung lediglich aus einem Gefühl von Dankbarkeit und evtl. auch aus Angst vor der Schmach unterstellter Undankbarkeit aufrecht, besteht die Gefahr, stattdessen in einer Gefühlsweit aus Unglück, Unaufrichtigkeit, Traurigkeit und evtl. auch innerer Verleugnung leben zu müssen. Um diesem vorzubeugen, wäre es sinnvoll, sich mit dem Partner über die innere Gefühlsweit auszutauschen. Ist einem das Gefühl von gegenseitiger Dankbarkeit ein hohes Gut und steht es in der eigenen Priorität ganz oben, kann man sich damit aussöhnen, die Beziehung auf die eine oder andere Weise weiterzuleben. Auch wenn es für den Partner nicht unbedingt leicht auszuhalten wäre, behält man durch das Angebot, über die inneren Gefühle zu sprechen, die eigene Glaubwürdigkeit und Aufrichtigkeit. Zudem sollte auch der Partner das Recht und die Entscheidungsmöglichkeit haben, sich auf dieser Grundlage für oder gegen eine Weiterführung der Beziehung entscheiden zu können.

Auch sollten Sie sich fragen, ob Dankbarkeit tatsächlich verpflichtet. Ist es nicht eher so, dass gerade in einer Partnerschaft ein jeder von beiden etwas tut, eben weil er es gerne für den anderen machen will. Und nicht weil er eine adäquate Gegenleistung von seinem Gegenüber erwartet.

Dieser Satz wird häufig im Zuge der Auseinandersetzung über Problematiken in einer Beziehung oder über die Gründe einer Trennung formuliert. Hat einer der Partner für sich erkannt, dass er unglücklich in der Beziehung ist und diese so nicht weiterführen will und kann, dann möchte er i.d.R., dass der andere die Gedanken nicht nur nachvollziehen kann, sondern sie möglichst sogar teilt. Und doch ist dieses eher selten der Fall. Denn meistens geht die Anregung auf Veränderung in einer Beziehung, unabhängig von ihrer Trennung oder Weiterführung, von einem der beiden Partner aus. Der andere sieht die Dinge evtl. gar nicht oder völlig anders.

Wenn Sie diesen oder einen ähnlichen Satz denken oder äußern, dann sollten Sie sich folgende Fragen stellen:
→　Wieso muss der andere das bzw. Sie verstehen?
→　Was erhoffen Sie sich durch sein Verständnis?
→　Was wollen Sie hierdurch für sich selbst gewinnen?

In Wahrheit aber muss niemand den anderen verstehen. Wir können keinen Menschen dazu zwingen, unsere Position nachzuvollziehen und dennoch bemühen wir uns mitunter sehr, genau dieses zu erreichen. Hierdurch jedoch binden wir uns innerlich an den anderen Menschen und die von ihm erhoffte Absolution. Versteht uns dieser nämlich nicht, so werden wir wohl zu kämpfen haben mit unserem schlechten Gewissen, uns ggf. schuldig fühlen und darüber traurig sein, den anderen unter Umständen verletzen zu müssen.

Versteht uns dieser jedoch, dann hat er keinen Grund, verletzt zu sein und unser Gewissen bleibt halbwegs rein.

So schön es auch sein mag, wenn der andere uns, unsere Beweggründe und Gefühle versteht, aber müssen muss er das nicht.

Denn es nicht seine Aufgabe, uns das schlechte Gewissen abzunehmen. Haben wir ein solches, dann ist es an uns selbst, wieder mit uns ins Reine zu kommen.

Überdies sind wir niemand anderem Rechenschaft schuldig außer uns selbst.

DUALSEELEN, SEELENPARTNER, KARMA

Kennen Sie dieses Gefühl, einem Menschen zu begegnen und zu glauben, diesen zu kennen, obwohl es nachweislich vorher nie eine Verbindung zwischen Ihnen beiden gegeben hat? Es ist so, als sei es nicht das erste Mal, dass Sie sich gegenüberstehen. Sie haben sofort das Gefühl, dem anderen blind vertrauen zu können. Sie glauben genau zu wissen, sich mit diesem auf einer sehr tiefen Ebene zu verstehen und austauschen zu können.

Viele Menschen sind der festen Überzeugung, in einem solchen Menschen ihren Seelenpartner, ihre Dualseele gefunden zu haben. Die Begegnung wurde ihnen durch eine göttliche Fügung, das Karma[4] geschickt. Die Idee des Karmas ist verknüpft mit dem Glauben daran, mehrmalig auf dieser Erde zu wandeln und verschiedene Inkarnationen zu durchleben.

Aus dem Gefühl der Erkenntnis, in dem anderen seine Dualseele gefunden zu haben, wird oftmals schnell geschlussfolgert: *„Bestimmt waren wir schon einmal miteinander verbunden und haben in diesem Leben einen gemeinsamen Auftrag, eine gemeinsame Aufgabe, die uns zusammengeführt hat und die wir miteinander bestehen sollen bzw. müssen.“*

Ob es nun Karma, karmische Verwicklungen o.ä., Dualseelen und Seelenpartner gibt oder nicht, sei dahingestellt.
Wir wissen es nicht, es ist dies eine Frage des Glaubens.
Und selbst wenn Sie daran glauben oder es wirklich so sein sollte, bedeutet es jedoch nicht zwangsläufig, dass Sie als Paar füreinander bestimmt sind. Vielleicht ist es ja in diesem Leben an Ihnen, sozusagen als Ihr karmischer Auftrag, eben nicht als Paar zusammen zu kommen. Es mag sein, dass ein jeder von Ihnen in diesem Leben den Auftrag hat, sich selbst zu finden, unabhängig von einer Partnerschaft. Niemand weiß tatsächlich zu sagen, was sein Karma für ihn in diesem Leben bereit hält.

---

[4] Der Glaube an das Karma (Sanskrit für Taten, Wirken) ist eine der Grundlagen von Buddhismus, Hinduismus und anderer indischen Religionen.
Die Taten eines Menschen, gute wie böse, bestimmen sein Schicksal in seinen früheren, dem gegenwärtigen und noch nachfolgenden Leben.

Wer an die Existenz von Karma glaubt und um seine Bedeutung weiß, ist sich dessen bewusst, dass es sich einem erst im Laufe des Lebens nach und nach erschließt und offenbart. Und zwar tut es dieses nur und immer durch einen lebenslangen Lernprozess.

Oft kommt es vor, dass nur einer das Gefühl der Erkenntnis gewonnen hat, in dem anderen seinen Seelenpartner gefunden zu haben. Der andere aber sieht und fühlt es gar nicht.
Viele Menschen glauben, dieses dann nicht so stehen lassen zu können und setzen alles daran, den anderen von ihrer Wahrheit zu überzeugen.
Wenn es Ihnen so ergeht und Ihnen Ihr eigenes Gefühl sagt, dass der andere **Ihr** Seelenpartner ist, dann glauben Sie dieses vermutlich fest und innig. Ihre Gefühle bestimmen Ihre eigene Realität, doch machen Sie möglicherweise den Fehler, von sich auf andere zu schließen, indem Sie die eigenen Empfindungen zur absoluten Wahrheit verklären.
Bedenken Sie immer, dass die Gefühle eines vermeintlichen Seelenpartners ebenso seine eigene Realität bestimmen.
Und das, was er fühlt, ist das seine. Er ist in seinen Gefühlen und seinem Wollen ebenso frei wie Sie. Wenn es also diesbezüglich keinen Einklang zwischen Ihnen beiden gibt, dann lassen Sie ihn ziehen- geben Sie ihn frei. Es ist wichtig zu begreifen, dass ein jeder von Ihnen sich zwar einseitig ablehnen, aber niemals einseitig zusammentun kann.
Versuchen Sie dennoch, ihn zu binden in dem Gefühl *„Er muss es doch und wird es noch ebenso sehen, fühlen und begreifen, wie ich!"*, dann binden Sie sich in erster Linie selbst.
Sie begeben sich hierdurch in eine seelische Abhängigkeit von Ihrem vermeintlichen Seelenpartner und geben ihm die Macht über Ihr Wohl und Wehe, je nachdem, ob er sich Ihnen zu- oder von Ihnen abwendet.

Ist der andere jedoch tatsächlich Ihr Seelenpartner, wird er Ihnen vermutlich eines Tages, in diesem oder einem anderen Leben, erneut begegnen und dann ist es vielleicht anders als heute.

Sie werden dann einander erkennen- zur Reife der Zeit.

Ein früher häufiger, aber immer noch vorkommender Glaubenssatz, gerade bei gläubigen Christen, ist folgender:

„Was Gott zusammengefügt hat, darf der Mensch nicht trennen."

Dieses bedeutet für gläubige Christen, dass sie durch das Sakrament der Ehe, das sie sich vor Gott gegeben haben, auf ewig bzw. bis zum Tode an den Partner gebunden sind. Und hierbei ist nebensächlich, ob die Beziehung nach 10, 20 oder 30 Jahren noch stimmig ist.

Doch wenn wir einmal genauer überlegen, dann dürfen wir nicht außer Acht lassen, dass vermutlich nicht Gott es war, der Ihnen erschienen ist und mit donnernder Stimme befohlen hat, diese Frau oder diesen Mann zu ehelichen. Er hat Sie auch nicht in die Kirche geschleift, damit Sie dort das Ehegelübde ablegen.

Es war dieses Ihre eigene freie Entscheidung.

Liegt Ihnen sehr viel an dem Sakrament der Ehe und fühlen Sie sich diesem verpflichtet, dann ist es vielmehr an der Zeit, sich um die Beziehung zu Ihrer Partnerin zu bemühen, auf dass sich diese wieder neu beleben und mit göttlichem Funken füllen lässt.

Ist dieses jedoch nicht möglich, weil die Beziehung gescheitet ist, Ihr Partner sich von Ihnen abwendet oder Ihnen sogar Schaden zufügt, dann stehen Sie vermutlich in einem Gewissenskonflikt. Können Sie diesen inneren Konflikt nicht alleine lösen, sollten Sie sich Hilfe an die Seite stellen. Eine solche wäre z.B. in der Person eines Seelsorgers als christlichem Beistand zu finden. Dieser kann und wird Sie zwar nicht von Ihrem Ehegelübde entbinden. Dennoch finden Sie dort Trost und die Unterstützung auf Ihrer Suche nach einer Möglichkeit, mit sich selbst, Ihren Gefühlen und Gott ins Reine kommen zu können.

Stellen Sie sich selbst und Gott die Frage, was er für Sie wünscht:

→ Wünscht er in erster Linie die Erfüllung des Ehegelübdes?

→ Oder wünscht er vor allen Dingen, dass Sie glücklich sind?

Viele Menschen erheben das Gefühl des Wir als höhere Einheit zu einem Ideal. Sie haben das Gefühl innerlich mit diesem Wir-Gefühl verschmolzen zu sein und gehen davon aus, dass dieses bei dem Partner ebenso sein wird bzw. ist. Oftmals wird auch dieses Wir-Gefühl fast komplett auf den Partner projiziert und dieser sozusagen zu einem gottgleichen Wesen erhoben.

Hierdurch bekommt der Partner die Verantwortung und die Macht über das eigene Wohlergehen zugeschrieben und sozusagen ausgehändigt.

Benimmt er sich jedoch eines Tages evtl. daneben, in dem er nicht konform zu dem Wir und seinen Regeln handelt, dann gefährdet er hierdurch nicht nur die Existenz des Wir. Zeitgleich wird schon fast zwangsläufig auch die mit diesem Wir-Gefühl verschmolzene eigene Existenz gefährdet. Hierdurch kann die Bereitschaft entstehen, fast alles mit sich machen zu lassen, nur damit dieses vermeintlich existenzsichernde Gefühl erhalten bleiben kann. Egal ob die Partnerin einen in seinen Freiheiten einschränkt, der Partner sich ein oder mehrere Geliebte hält, die Partnerin einen vor den Kollegen schlecht macht oder der Partner sich abwertend über die Körperlichkeit seiner Lebensgefährtin auslässt, immer noch wird die Standarte des Wir hochgehalten.

Vermeintlich glücklichere Zeiten werden als Musterbild an eine imaginäre Leinwand geworfen und für die Zukunft ersehnt.

Meist ist eine Lösung aus einer solchen tiefen seelischen Abhängigkeit erst dann möglich, wenn körperliche oder psychische Beschwerden auftauchen, oder aber einer der Partner sozusagen „den Bogen überspannt". Ist dessen Handeln in keinster Weise mehr mit dem Wir-Gefühl vereinbar, wäre eine Duldung dieses Handelns zwangsläufig verbunden mit der Selbstaufgabe der eigenen Identität.

Ist dieses der Fall, erwacht meistens wieder das Ich.

Denn jetzt geht es darum, und es ist unabdingbar geworden, die eigene Identität vor den Abgründen der Selbstaufgabe zu retten.

Auch wenn hierdurch die seelische Abhängigkeit noch nicht gelöst wird, ist die gewonnene Erkenntnis über ihr Vorhandensein wie ein Schritt mit Siebenmeilenstiefeln.

Sie werden sicherlich noch einige Zeit benötigen, sich damit auseinanderzusetzen und zu erkennen, was in Ihnen Sie dazu brachte, sich in eine solch tiefe seelische Abhängigkeit zu begeben.

Schaffen Sie dieses nicht alleine, sollten Sie sich kompetente Hilfe in Form eines Persönlichkeitscoachings oder einer Therapie an die Seite stellen.

DIE HOFFNUNG DER GELIEBTEN

Lässt man sich auf eine tiefe Beziehung mit einem anderweitig schon gebundenen Partner ein, entsteht oftmals der Wunsch, den anderen ganz an seiner Seite haben zu können. Schnell steht als Frage im Raum: *„Trennt er bzw. sie sich für mich?"*

Evtl. haben Sie sich in einen verheirateten Mann verliebt und vielleicht hat dieser ihnen auch in Aussicht gestellt, sich von seiner Frau zu trennen. Tut er dieses nicht und vertröstet Sie immer wieder, dann sind Sie möglicherweise gefangen in einem Kreislauf aus Hoffnung und Verzweiflung. Wünschen Sie sich eine offene und zueinander bekennende Partnerschaft, bleibt Ihnen derzeit lediglich der „Geliebtenstatus", der verbunden ist mit Heimlichkeiten, Verleugnungen und Unaufrichtigkeit.

Setzen Sie den Partner unter Druck, dann wäre es möglich, dass dieser die Beziehung beendet. Warten Sie, dann kann es geschehen, dass Sie lange in einer Art Warteschleife hängen bleiben.

Das Gefühl, dem anderen nicht wert genug zu sein, damit er die Trennung für eine Beziehung mit Ihnen wagt, untergräbt im Laufe der Zeit das Selbstwertgefühl. Es ist durchaus möglich, dass man sich eines Tages nicht mehr wirklich liebenswert fühlt. Kommt es dann zu einem Bruch dieser Beziehung, hat man das Gefühl, in die tiefsten Abgründe seiner Seele hinab geschleudert zu werden.

Machen Sie sich bitte folgendes bewusst:
Trennt sich ein Mensch von seinem Partner, dann sollte er dieses niemals für einen anderen tun, sondern in erster Linie für sich selbst. Er sollte sich deswegen trennen, weil er gemerkt hat, dass er in seiner Beziehung nicht mehr wirklich glücklich war und sich in dieser vielleicht auch nicht (mehr) selber leben konnte.

Löst er sich für einen neuen Partner von seinem alten, dann kann es sein, dass er sich nicht wirklich mit den Hintergründen des Scheiterns der Beziehung und der Trennung auseinandersetzen mag. So kann ihm die Beziehung zu einem anderen Partner leichter, schöner, beflügelnder o.ä. vorkommen und oftmals scheint es dann einfacher, etwas Neues einzugehen.
Gibt es ggf. eines Tages in der neuen Beziehung Probleme, kann es geschehen, dass dem neuen Partner die Verantwortung für die damalige Trennung zugewiesen wird. So ist *„Und wegen Dir hab ich mich getrennt. Wie konnte ich nur so blöd sein und das alles wegwerfen?"*, ein nicht selten gehörter Vorwurf.

Auch kommt es durchaus vor, dass sich ein Partner, der sich für einen anderen Menschen aus einer alten Beziehung gelöst hat, ziemlich daneben benimmt. Er hat vielleicht unbewusst das Gefühl, ein gewisses Maß an Macht über den neuen Partner zu haben. Hat er diesem doch die „Gnade" erwiesen, den alten Partner für ihn zu verlassen. *„Du wolltest mich doch unbedingt haben, dann sei jetzt auch glücklich mit dem, was du hast!"*, ist ein Satz, den so mancher neuer Partner um die Ohren geschleudert bekommt. So hat man Verhaltensweisen gutzuheißen oder zu dulden, die man sonst niemals akzeptieren würde. Tut man dieses nicht, dann erweist man sich als undankbar. Ist man jedoch undankbar, läuft man wiederum Gefahr, für die Trennung verantwortlich gemacht zu werden. Durch dieses kann in einem neuen Partner auch das Gefühl entstehen, für den geliebten Menschen in Wahrheit immer nur „zweite Wahl" zu sein. Bemüht man sich nicht richtig um ihn, bekommt man dieses zu spüren und wird es ggf. bitter bereuen.

Stellen Sie sich die Frage: *„Trennt er bzw. sie sich für mich?"*, dann sollte die Antwort lauten: *„Hoffentlich nicht."*

Trotzdem ist es schwierig auszuhalten, dem geliebten Menschen die Freiräume zu geben, damit sich dieser aus sich selbst heraus für oder gegen eine Lösung aus der alten Beziehung entscheiden kann. Möchte man doch diesen Menschen unbedingt an seiner Seite haben, ist es dennoch wichtig, dass er erst das Alte löst, bevor er von ganzem Herzen etwas Neues eingehen kann.

Dennoch sollte man nicht ewig darauf warten, dass dieser sich endlich entscheidet. So gilt es sich selbst und dem anderen ein Zeitfenster zu setzen.
Entscheidet er sich in dieser Zeit nicht, ist die traurige Wahrheit, dass keine Entscheidung auch eine Entscheidung ist.
→ Es ist dann an Ihnen, diese umzusetzen.

UNGLÜCKLICH VERLIEBT

Wir kennen es mit Sicherheit fast alle.
Wenn sich das Objekt der Begierde in Form eines potentiellen oder ehemaligen Partners sich uns nicht (mehr) wirklich zuwenden mag oder von uns abwendet, dann sind wir oftmals sehr traurig darüber. Wir haben Liebeskummer und hoffen manchmal noch lange, alles könne sich doch noch zum Guten wenden.

So ist das Gefühl für das eigene Glück an diesen Menschen gebunden. Wir haben die Empfindung, dass nur er alleine uns aus unserem Unglück befreien kann. Dieses kann nur er, nämlich in dem er sich uns endlich zuwendet. Und doch haben wir vermutlich alle die Erfahrung gemacht, dass dieses nicht immer geschieht. Der andere Mensch wollte oder konnte sich nicht auf uns einlassen und wir blieben in unserem Kummer allein.

Normalerweise klingt Liebeskummer im Laufe der Zeit ab.
Meist können wir irgendwann eingesehen, dass es keinen Zweck mehr hat, den Anderen weiter anzuschmachten, da sich dieser uns nie zuwenden wird.

Selbst wenn wir das Gefühl haben sollten, dass wir mit diesem auch unser Glück aufgeben, eröffnet sich Stück für Stück in uns ein Raum, unser Leben wieder selbst in die Hand zu nehmen und unsere eigenen Ziele zu verfolgen.

Doch nicht jedem Menschen gelingt dieses. Es kann vorkommen, dass man der Überzeugung ist, nur dieser eine Mann oder diese eine Frau könne der einzig wahre Partner sein und niemand anderes könne jemals diese Stelle einnehmen.

Wenn dieses so ist, kann der Wunsch entstehen, das Objekt der Begierde so lange zu bedrängen, bis dieser Mensch sich einem endlich zuwendet und seine Aufmerksamkeit schenkt. Gelingt dies nicht im Positiven, wird manchmal zur Not auch negative Aufmerksamkeit in Kauf genommen und man entwickelt sich schlimmstenfalls zu einem Stalker. Die Konsequenz eines solchen übergriffigen Verhaltens jedoch ist klar. Der andere wird sich immer mehr von dem „Bedränger" abgrenzen müssen und sich noch mehr von diesem abwenden. Die einzigen Gefühle, die für diesen bleiben, sind vermutlich Abscheu, Angst und Wut.

Respektiert man jedoch die Persönlichkeit des geliebten Menschen, dann kommt man nicht umhin, auch das *„Nein"* zur eigenen Person und einer Partnerschaft zu akzeptieren.
Und so hat man nur die Möglichkeit ihn entweder ziehen zu lassen und sein Leben unabhängig von diesem zu gestalten oder aber sich zu entscheiden, sein Leben lang auf ihn zu warten und zu hoffen.

ES GIBT MENSCHEN, DIE VERLÄSST MAN NICHT

Manche Menschen sind nicht bereit oder in der Lage, eine Trennung zu akzeptieren.
Sie leugnen den Trennungsgedanken und sind der Meinung, dass niemand sie jemals verlassen kann oder darf. Ihre Reaktionen auf die Trennung können von körperlicher Gewalt, einem direkten Nachstellen, Stalking, über Telefonterror und Schlechtmachen

des ehemaligen Partners bei Freunden und im gesamten Umfeld, bis hin zu emotionaler Erpressung reichen.

Egal wie Ihr ehemaliger Partner agiert, versucht er doch immer eine Reaktion von Ihnen zu erzwingen. Sie müssen sich ihm dann zuwenden und ihm Ihre Aufmerksamkeit schenken. Selbst wenn der Partner Sie einst liebte, ist es vielen dieser Menschen im Nachhinein oftmals ziemlich egal, ob Sie durch sein Verhalten verletzt oder sogar geschädigt werden.
Sie haben ihn verlassen und dadurch vermeintlich abgewertet. Für diese so empfunden Abwertung bekommen Sie nun die „Quittung" in Form von Rache oder aber der Schuldzuweisung für das Unglück des ehemaligen Partners.

Will sich Ihr ehemaliger Partner an Ihnen rächen, sollten Sie versuchen, möglichst nicht darauf einzugehen. Wird er jedoch übergriffig, sollten Sie sich nicht scheuen, dagegen vorzugehen und ihn in die Schranken zu weisen. Nötigenfalls auch unter der Wahrnehmung von rechtlichen Möglichkeiten und bei Gefahr für Leib und Leben auch durch die Unterstützung der Polizei.

So sollten Sie sich nicht scheuen, Strafanzeige gegen Ihren ehemaligen Partner zu erstatten, wenn er Sie verletzt, bedroht, Ihre Sachen mutwillig beschädigt oder Sie bestalkt. Ebenso können Sie eine Unterlassung erwirken, wenn er sich in übler Nachrede o.ä. ergeht.

Erpresst Ihr ehemaliger Partner Sie emotional, dann sollten Sie ebenfalls möglichst nicht darauf eingehen.
Einige Menschen drohen sogar mit Selbstmord, wenn man nicht zu Ihnen zurückkommt oder sich Ihnen zumindest widmet.

Es ist an Ihnen, sich nicht in die Verantwortung für sein Seelenheil hineinziehen zu lassen. Droht der ehemalige Partner akut mit einem Suizid, sollten Sie ihm nicht unbedingt an den Kopf werfen: *„Na, mach doch!"*
Stattdessen können Sie ihm mitteilen, dass Sie jetzt lieber die Feuerwehr anrufen werden, damit er vor sich selbst gerettet

werden kann. Lässt er von der emotionalen Erpressung nicht ab, oder Sie haben das Gefühl, dass er wirklich dabei sein könnte, sich selbst etwas anzutun, dann scheuen Sie sich nicht, tatsächlich die Feuerwehr oder Polizei zu rufen.
Hierdurch haben Sie ihn nicht im Stich gelassen und zeitgleich Ihrer Verantwortung genüge getan. Besteht tatsächlich akute Gefahr für sein Leben, wird er erst mal gerettet sein.

Meist ist dieses Drohen mit dem Suizid aber für diese ehemaligen Partner die **eine** Möglichkeit, Sie nach wie vor an sich zu binden. Sie haben gar nicht vor, sich wirklich etwas anzutun.
Für sie ist die Androhung oder das Erlebnis eines ungewollten zwei- bis dreitägigem Aufenthaltes in der Psychiatrie oftmals heilsam genug. Meist wird eine solche perfide emotionale Erpressung daraufhin eingestellt und sein gelassen.

ICH KANN OHNE DICH NICHT LEBEN!

In diesem Satz kommt alles zusammen.
So ist es einerseits eine Frage der Selbstdefinition. Definiert man sich fast ausschließlich über die Partnerschaft und den Partner, dann hat man fast das Gefühl in der Mitte entzwei geschnitten zu werden, wenn eine Trennung, und sei es nur andeutungsweise, im Raum steht. Lieber wird alles erduldet, als sich der Gefahr auszusetzen, abgeschoben, abgetrennt, zerrissen zu werden.
Hierdurch hat man sich abhängig gemacht von dem Gutdünken des Partners. Ob dieser sich Liebschaften gönnt oder enorme verbale Abwertungen an der Tagesordnung sind, ist hierbei eher nebensächlich. Als einziges Ziel bleibt, den Partner und die Partnerschaft zu erhalten. So kommt es manchmal zu Gedankengängen, die oftmals reichlich befremdlich und beklemmend erscheinen, doch machen sie in der Situation einer tiefen seelischen Abhängigkeit durchaus einen Sinn. Ist beispielsweise ein Partner eine Liebschaft eingegangen, dann kann der Mensch an seiner Seite dieses leichter aushalten und ertragen, wenn er sich folgende oder ähnliche Gedanken zusammen reimt:

„Wenn da wieder Liebe fließen kann, dann fällt für mich davon auch etwas ab." oder *„Ich bin das Brot und die Butter, der andere die Marmelade."* Selbst wenn solche Gedankengänge meist mit: *„Ich bin dein Fußabtreter..."* gleichzusetzen sind, stellen sie für einen tief abhängig liebenden Menschen manchmal die einzige Möglichkeit dar, sich selbst als ganzer Mensch noch zu bewahren bzw. wahrnehmen zu können.

Zudem ist der Selbstwert in der Regel sehr angeschlagen.

Am Bild des Brotes und der Marmelade wird deutlich, dass man sich zwar selbst sozusagen als Grundlage der Beziehung fühlt, aber dennoch nicht als ausreichend. So ist man nicht wert genug, der einzig geliebte Partner zu sein und zu bleiben. Und es entsteht nicht selten zudem das Gefühl, nicht fähig zu sein, genügend zu lieben. Denn man reicht dem Partner nicht und selbst wenn alles erduldet und ertragen wird, ist es niemals ausreichend.

Kommen verbale Abwertungen oder körperliche Übergriffe hinzu, ist die Selbstaufgabe nicht mehr fern. Muss man sich immer wieder anhören oder am eigenen Leib erfahren, unfähig, unattraktiv, langweilig oder ähnliches zu sein, glaubt man dieses eines Tages und vermeint evtl. sogar, den Partner zu verstehen.
„So kann er doch gar nicht anders handeln, wenn ich selbst so bin."
Der naheliegende Schluss, nicht liebenswert zu sein; ja, es gar nicht sein zu können, ist sinnbildlich der Eingang zur Hölle und zerstört den Glauben an sich selbst.

So hat man letzten Endes lediglich die Wahl zwischen der Hölle der Selbstaufgabe und dem Wagnis, sich selbst zu retten.
Sich neu zu definieren und wie Phönix aus der Asche aufzuerstehen in ein neues und eigenständiges Leben.

Hinter dem Satz: *„Ich kann ohne dich nicht leben!"*, steht jedoch oft noch etwas völlig anderes, nämlich Angst:
→   Die Angst, einen neuen Weg einschlagen zu müssen,
→   die Angst alleine zu sein
→   oder allgemein die Angst vor Neuem.

Lieber wird, trotz Unzufriedenheit und Unglücklichsein, an der Sicherheit und Verlässlichkeit des Alten festgehalten, als den Sprung ins kalte Wasser einer ungewissen Zukunft zu wagen.

Hier sollten Sie sich fragen:
→ Können und wollen Sie auf Dauer wirklich in einer unglücklichen Beziehung leben?
→ Möchten Sie mit einem Menschen zusammenbleiben, der Sie möglicherweise nicht liebt oder den Sie nicht lieben?
→ Was macht Ihnen solche Angst, dass Sie an der Beziehung unbedingt festhalten wollen?
→ Wie könnte eine Zukunft aussehen, wenn Sie vor dieser keine Angst zu haben brauchen?

Viele Menschen haben Angst vor dem Alleinsein und doch ist hierbei eines wichtig zu sehen:
Alleinsein ist nicht gleichbedeutend mit Einsamkeit.
Sind Sie allein für sich, dann können Sie all das tun, was Sie für sich selbst tun wollen und sind sich zwischenzeitlich selbst genug. Sind Sie einsam, dann schauen Sie immerzu ins Außen und suchen dort nach einem Gegenüber, der Ihnen widerspiegelt, wer und wie sie sind.

Auch steht der Satz: *„Ich kann ohne dich nicht leben!",* nicht selten für das Bestreben, sich nicht mit der Realität einer möglichen Trennung auseinandersetzen zu müssen und weist dem angesprochenen Partner die Verantwortung zu.
Kommt man wirklich nicht klar ohne ihn, dann ist es an ihm, einen zu retten oder zumindest ein schlechtes Gewissen zu haben.
So wird dieser Satz auch gerne mehr oder weniger bewusst als Akt emotionaler Erpressung eingesetzt.

Versucht man den Satz zu wandeln in: *„Ich will ohne dich nicht leben!"* und fühlt in sich, was von der vorherigen Qual noch bleibt, eröffnen sich völlig neue Qualitäten und Optionen.

Denn Leben können kann man in der Regel auch für sich allein.

Doch wollen ist etwas völlig anderes. Will man etwas, kann man viel eher akzeptieren, dass der andere dieses eben nicht mehr unbedingt oder lieber etwas anderes will.

So macht man sich selbst und den anderen frei von dem Zwang des Könnens oder Nicht-Könnens. Hierdurch übernimmt man die Verantwortung für das eigene Leben und geht seinen gemeinsamen oder eigenen Weg, selbst wenn dieses nicht unbedingt einfach sein wird und ggf. mit tiefer Traurigkeit verbunden ist.

SELBSTWERT UND SELBSTWIRKSAMKEIT

Kommt es in einer Beziehung zu heftigen Auseinandersetzungen oder zu einer Trennung, ist meist der Selbstwert mehr oder minder stark in Mitleidenschaft gezogen.

Waren wir doch einst für den Partner vielleicht einmal der wundervollste Mensch auf Erden, ist nun dieses dahin. Er findet uns jetzt vielleicht albern, blöd und unerträglich. So ist es nicht verwunderlich, dass uns dieses widergespiegelte Bild unseres Selbst schockieren und bis ins Mark erschüttern kann.

Zumal dieses Spiegelbild meist eher nicht mit dem vermeintlichen Bild übereinstimmt, welches wir von uns selber haben bzw. von uns selber haben wollen. Nicht selten gaukeln wir zum Teil der Welt und auch uns selber etwas vor. So meinen wir beispielsweise, besonders toll, schlau oder anderes zu sein und zeigen dieses gerne nach außen. Bei näherem Hinsehen wissen wir jedoch meist ziemlich genau, dass wir weder besonders schlau noch dumm sind. Die Wahrheit liegt irgendwo dazwischen.

So sind wir durch die meist negativ überzogene Wertspiegelung des Partners verunsichert und zweifeln an unserem Gefühl über den eigenen Selbstwert. Manchmal wissen wir nicht, wem wir mehr Glauben schenken sollen: Dem anderen oder unserer bisherigen eigenen Sicht auf uns selbst.

Denn eines scheint ja offenbar zu sein: Die vom Partner vorgebrachten Gründe und uns vorgeworfenen Verhaltensweisen sind es doch, die seine Liebe schwinden ließen. Diese haben ihn dazu gebracht, uns nicht mehr liebenswert und stattdessen vielleicht sogar abstoßend zu finden. Vielleicht glauben wir ihm im Innersten ein wenig oder mehr, führt er uns doch eigene Unzulänglichkeiten und ggf. negative Verhaltensweisen ziemlich deutlich vor Augen. Fände diese Spiegelung des eigenen Wertes durch den anderen in uns keine bewusste, teil- oder auch unbewusste Resonanz, käme es gar nicht dazu, dass wir uns an dieser verletzen. Wir könnten sie direkt weit von uns weisen oder würden uns den sprichwörtlichen Schuh einfach gar nicht erst anziehen.

Nicht wenige Menschen leiden überdies unter dem Gefühl, versagt zu haben. Haben sie auch noch so sehr versucht, die Beziehung zu retten, den Streit vor Eskalation zu bewahren und eine heftige Auseinandersetzung oder die Trennung zu verhindern, ist es ihnen letzten Endes nicht gelungen. Insofern war nicht möglich, ihre inneren Gefühle, ihr Denken und Handeln wirklich in Einklang und somit zur Wirkung zu bringen. Die vermeintliche Erkenntnis des eigenen Versagens bringt die Sicherheit und Verlässlichkeit der Selbstwirksamkeit mitunter sehr ins Wanken.

Doch macht man sich bewusst, dass neben einem selbst der andere gleichermaßen seinen Anteil an dem hat, was beiden widerfahren ist, wird es leichter, den eigenen Selbstwert nicht mehr an ihm und seinem Bild von uns festzumachen bzw. zu messen.

Auch die Erkenntnis, dass man manchmal leider scheitern kann, kann hilfreich sein, sich selbst nicht weiter abzuwerten.

Ist zudem ein anderer Mensch gemeinsam mit uns von einer Situation betroffen, ist auch nicht außer Acht zu lassen, dass seine Selbstwirksamkeit der eigenen so manches Mal entgegentritt.

Dennoch wird es in der Regel etwas Zeit brauchen, sich selbst und den eigenen Gefühlen wieder zu vertrauen und wieder an sich selbst glauben zu können.

ÜBUNG VII GRUSS AN DEN SPIEGEL

Vielleicht werden Ihnen die nachfolgenden Übungen ein wenig befremdlich erscheinen und der ein oder andere Satz schwer über die Lippen gehen, weil er sich irgendwie komisch anfühlen mag. Machen Sie die Übung öfter, werden Sie merken, dass Ihr inneres Gefühl sich im Laufe der Zeit verändern kann.

TEIL 1) ICH BIN WERTVOLL.

Nehmen Sie sich ein wenig Zeit für sich selbst…

Stellen Sie sich beispielsweise vor Ihren Badezimmerspiegel, schauen sich tief in die Augen und versuchen Sie Ihrem Spiegelbild folgende Sätze zu sagen:

→ Ich bin ein Mensch.
→ Ich bin ich.
→ Ich habe tolle Seiten.
→ Ich habe tolle Eigenschaften und Verhaltensweisen.
→ Ich bin einzigartig.
→ Meine Einzigartigkeit macht mich aus.

→ Ich bin voller Wunder.
→ Ich bin wundervoll.
→ Ich schätze mich selbst wert.
→ Mein eigener Wert liegt in mir.
→ Ich bin mir selbst meine höchste Instanz.
→ Ich bin es mir selber wert, dass…

→ Ich bin gleich viel wert wie jeder andere Mensch
   und keiner ist mehr oder weniger wert als ich.
→ Ich bin ich und bleibe ich.

→ Ich bin einzigartig und wundervoll und wertvoll.

Auch hierfür brauchen Sie ein wenig Zeit für sich selbst...

Stellen Sie sich beispielsweise vor Ihren Badezimmerspiegel, schauen sich tief in die Augen und versuchen Sie Ihrem Spiegelbild folgende Sätze zu sagen:

→ Ich kann lieben.
→ Ich bin liebenswürdig.
→ Ich bin würdig und wert, zu lieben.
→ Ich bin würdig und wert, geliebt zu werden.
→ Ich bin liebenswert.

→ Ich mag mich selbst.
→ Ich schätze mich selbst wert.
→ Ich liebe mich selbst.

→ Ich bin ich.
→ Ich bleibe ich.
→ Ich werde immer ich sein.

→ Ein Mensch mit Ecken und Kanten, tollen Seiten und Unzulänglichkeiten, einzigartig und wundervoll, wertvoll und liebenswert.

Auch hierfür nehmen Sie sich ein wenig Zeit für sich selbst...

Stellen Sie sich beispielsweise vor Ihren Badezimmerspiegel, schauen sich tief in die Augen und versuchen Sie Ihrem Spiegelbild folgende Sätze zu sagen:

→ Ich gehe meinen Weg.
→ Ich weiß, was ich will.
→ Ich weiß, wer ich bin.
→ Ich weiß, was ich kann.
→ Ich respektiere die Grenzen von anderen.
→ Ich respektiere meine eigenen Grenzen.
→ Ich respektiere die Grenzen der eigenen Wirksamkeit.

→ Ich bringe mich selbst in die Welt.
→ Ich setzte mein Wirken in Einklang mit der Welt um.
→ Ich setze mich selbst - wirksam um.

→ Ich bin immer ich:
  einzigartig, wundervoll, liebenswert, wertvoll
  und selbstwirksam.

KAPITEL 5

WEGGABELUNGEN UND AUSWEGE

VOR EINER TRENNUNG

Wir kennen es alle: Im Laufe des Lebens haben wir uns immer wieder Situationen zu stellen, die uns auffordern, unser Leben bewusst zu gestalten. Einige davon gehen einher mit tiefgreifenden Entscheidungen für unseren weiteren Lebensweg.

Egal ob wir beispielsweise einen Beruf erlernen oder studieren, heiraten oder ein Kind bekommen, beruflich umsatteln oder uns von einem Partner trennen wollen, ist hierbei die Tragweite der Entscheidung zukunftsweisend.

Bitte bedenken Sie: Ein jeder von uns hat das Recht, sich an der nächsten Weggabelung in seinem Leben anders zu entscheiden und neue Wege einzuschlagen.

Hat sich z.B. jemand nach der Lehre in seinen Betrieb übernehmen lassen, ist er hierdurch noch lange nicht sein ganzes Leben lang an diesen Arbeitgeber gebunden. Ist er mit seiner Arbeitsstelle nicht zufrieden und bietet sich ihm eine andere Möglichkeit, dann kann er diese auch ergreifen. Natürlich gilt es hierbei abzuschätzen, ob das Neue für ihn wohl besser passt und sich in sein Leben integrieren lässt. Normalerweise ändert sich hierdurch nicht zwangsläufig das komplette Leben.

Übertragen auf Partnerschaft bedeutet dieses eines:
Wenn Sie merken, dass Sie in dieser nicht mehr glücklich sind, haben Sie das Recht, sich zu entscheiden, Ihr Leben in Zukunft anders oder alleine zu gestalten.

Eine solche Entscheidung ist nicht leicht zu fällen und oftmals mit einer Art Kehrtwende im Leben gleichzusetzen. Die alten Träume aufzugeben und das Neue zu wagen, ist nicht selten traurig und verstörend. Gerne würde man einiges mit in das neue Leben nehmen, doch ist dies meist nicht wirklich möglich. Natürlich gilt es jedoch abzuwägen, wie vorhandene Verantwortung z.B. für ein Kind, in das neue Leben integrierbar ist.

Sie können sich aber auch genauso gut entscheiden, die bisherige Beziehung aufrecht zu erhalten.

Es ist an Ihnen, abzuwägen, in sich zu fühlen und sich für einen Weg zu entscheiden. Möchten Sie die Partnerschaft aufrecht erhalten, dann geht es nicht mehr um die Frage, ob Sie sich trennen, sondern vielmehr darum, wie Sie die Beziehung in Zukunft anders und zufriedenstellender gestalten können.

Dieses jedoch erfordert ebenso eine innere Auseinandersetzung mit den eigenen Gefühlen und Bedürfnissen, der Klärung von Erwartungen und Wünschen, wie den tiefen Dialog und Austausch mit dem Partner.

Manchmal jedoch werden wir sozusagen eher entschieden.
Werden wir beispielsweise gekündigt, ungeplant schwanger oder von einem Partner endgültig verlassen, dann haben wir nur eine Möglichkeit, die Situation zu meistern.
Wir haben sie als gegeben anzuerkennen und sollten versuchen, das Beste daraus zu machen.
Wie dies gelingen kann, liegt in unserer eigenen Hand.
So sind auch hier wiederum Entscheidungen zu fällen,
die weit in die eigene Zukunft reichen.

Viele Beziehungen zerbrechen augenscheinlich daran, dass ein Partner Gefühle für einen anderen Menschen entwickelt. Nicht selten endet dieses in dem tatsächlichen Eingehen einer wie auch immer gearteten Nebenbeziehung.

Selbst wenn behauptet wird, es wäre hierbei doch keinerlei Gefühle im Spiel und man sei dort irgendwie hinein gerutscht, entspricht dieses nicht der tatsächlichen Wahrheit.

Auch wenn der Fremdgänger tatsächlich keine Gefühle für diesen anderen Menschen haben sollte, sind es doch seine inneren Gefühle, die ihn überhaupt dazu verleitet haben, sich auf die Liebschaft oder den One-Night-Stand einzulassen.

Sinnvoller wäre sicherlich gewesen, sich vorab mit diesen Gefühlen auseinander zu setzen. Birgt doch das Bewusstwerden des *„Mir fehlt etwas in meiner Partnerschaft. Ich bin nicht glücklich. Ich fühle mich von meinem Partner nicht wirklich wertgeschätzt."* etc. die Chance in sich, die eigenen Gefühle anzusprechen und für sich selbst, die eigenen Bedürfnisse und Wünsche einzustehen. Hier wäre eher der Dialog und tiefe Austausch mit dem Partner angezeigt gewesen.

Doch stimmt etwas in der Beziehung nicht, versinken beide Partner oft in Schweigen. Spricht man die eigene Unzufriedenheit an, könnte man hierdurch evtl. die Beziehung gefährden und müsste sich unter Umständen mit Schuldzuweisungen, sowie Schuldgefühlen auseinandersetzen. So wird Fremdgehen nicht selten als ein unbewusstes Ventil genutzt, um sich vorübergehend wohler, weil begehrenswert, wertgeschätzt, gemocht usw., zu fühlen.

Wird das Fremdgehen offenbar, ist ein häufig zur Entschuldigung vorgebrachter Satz: *„Das hatte alles nichts mit Dir zu tun!"*

Selbst wenn dieser Satz nahe der Wahrheit steht, waren es ja die Gefühle des Fremdgängers, die ihn zu seinem Handeln veranlasst und verleitet haben, kommt er dennoch meist für den betrogenen Partner einem Schlag in die Magengrube gleich.

Ist doch der sich selbst beigemessene Wert hierdurch in der Regel bedroht und in Frage gestellt. Denn ist man nicht ausreichend wert, dem anderen als der einzige Partner zu genügen, fühlt man sich schnell abgewertet.

Unabhängig davon, ob das eigene Fremdgehen jemals herauskommt oder nicht, sollte man sich selber stellen. Denn es bleibt fast immer ein schaler Beigeschmack, das schlechte Gewissen und die Angst vor Entdeckung werden nicht selten zu einem latenten Begleiter.
Ist einer der Partner fremdgegangen, ist es höchste Zeit, sich der Frage nach der eigenen Zufriedenheit zu stellen. Und auch nach dem, was einem fehlt, was man vermisst, was man sich für sich selbst und ggf. von dem oder einem anderen wünscht.

Nicht selten ist es schon zu spät, die Liebe angeknackst, das Vertrauen zerstört und die Beziehung zerbricht.

Wollen beide die Beziehung erhalten und dafür Sorge tragen, dass sich keiner mehr ein solches Ventil zu suchen braucht, wird es für beide Partner unumgänglich sein, sich mit den eigenen und gegenseitigen Erwartungen, den inneren Gefühlen und Bedürfnissen, der Selbstdefinition etc. auseinanderzusetzen.
Auch braucht es das Vermögen, das Fremdgehen als ein solches Ventil zu verstehen. Das Erlebnis, betrogen zu werden und vermutlich auch das zu betrügen, war nicht schön und man findet es nicht gut. Man braucht es nicht zu verzeihen, denn vielleicht ist es auch nicht wirklich verzeihbar. Es ist hingegen ausreichend, es als Geschehen stehen zu lassen. Es war so und es war nicht gut und wir wollen und werden dieses nicht mehr erleben. Damit kann man es sozusagen abhaken.

Gelingt dieses nicht, werden sich höchstwahrscheinlich Angst, Misstrauen und Eifersucht wie ein Riss durch das Vertrauen ziehen und es wird schwer, wenn nicht unmöglich, die Beziehung zu erhalten und weiterzuführen.

Wächst im Lauf der Zeit die Unzufriedenheit in und mit der Beziehung und eine Trennung wird erwogen, wird dieser Gedanke zu Anfang meist wieder verworfen. Doch bleibt das Gefühl der Unzufriedenheit oder wird es immer stärker, lässt sich nicht selten der Trennungsgedanke eines Tages nicht mehr zur Seite schieben.

Manifestiert sich irgendwann die Frage, ob eine Trennung notwendig, nötig, sinnvoll wäre, ist hierdurch immer noch nichts klar. Lediglich beginnt der innere Prozess, sich eingestehen zu können, dass man nicht mehr wirklich zufrieden oder sogar unglücklich in sich und mit seinem Leben ist.

So stellen sich einem viele Fragen:
Unabhängig davon, ob man in den direkten Austausch mit dem Partner geht, hat man für sich selbst zu klären, welche Gefühle in einem für den anderen noch vorhanden sind und was einen darüber hinaus noch verbindet. Sieht man eine Chance, die Beziehung gemeinsam zu erhalten und möglicherweise auf eine andere Ebene zu heben? Was ist mit gemeinsam geschaffenen Werten und vielleicht auch den wundervollen Kindern?

So ist dieses fast immer eine Frage der inneren Prioritäten. Nicht selten will sich beispielsweise einer der Partner trennen, weil die Liebe fehlt, die Beziehung sich in eine Art geschwisterliche Freundschaft gewandelt hat o.ä. und steht zeitgleich vor der Problematik, dieses dennoch nicht zu vermögen, da er dem anderen einst die Treue schwor oder die finanzielle Sicherheit nicht gefährden möchte.

Um welche inneren Werte es sich im Einzelnen handelt, ist hierbei eher nebensächlich. Vielmehr ist man gefordert, sich den eigenen Werten und verinnerlichten Wertvorstellungen zu stellen. Ist einem z.B. Treue oder finanzielle Sicherheit ein hohes Gut, dann stellt sich die Frage, was ein jeder für sich höherwertiger einzustufen vermag und möchte. So gilt es zu versuchen, sich über die eigenen Prioritäten klar zu werden.

Nicht selten ist man hin und hergerissen und sitzt sprichwörtlich zwischen den Stühlen. Oftmals ist der Wunsch vorhanden, das Neue zu wagen und zeitgleich der Wunsch, das Alte zu erhalten. Vielleicht glaubt man, den Sprung über die eigenen Schatten nie zu schaffen und unterlässt es daher, ihn zu wagen.

Doch werden einem die eigenen Prioritäten bewusst, kann man sie wandeln und ggf. ihre Wertigkeit und Rangfolge verändern. So gilt es für sich selbst zu klären, ob beispielsweise die einst ausgesprochene Treue einen höheren Rang hat, als das eigene Glück oder ob das Gefühl, von einem Partner geliebt zu werden, in sich selbst höherwertiger einzustufen ist, als die bisher vorhandene finanzielle Sicherheit.
Hat man dies für sich geklärt, kann man sich klarer entscheiden.

→ Das Wagnis einzugehen, den Neuanfang zu wagen.
   Der Verlust gemeinsamer Werte und der schönen Seiten der bisherigen Beziehung kann durch bewusstes Entscheiden leichter angenommen und ertragen werden.

→ Das Wagnis zu versuchen, die Beziehung zu erhalten.
   Durch eine klare und bewusst getroffene Entscheidung für andere Prioritäten, lässt sich der Verzicht auf die eigene innere Zufriedenheit leichter annehmen und aushalten.

Doch nicht ein jeder Mensch hat die Wahl, sich zu entscheiden.
Ist es z.B. durch die Partnerin bereits entschieden worden und die Trennung als Faktum in den Raum gestellt, dann bleibt nur die eine Möglichkeit.
Sich die eigenen Prioritäten neu zu setzen.

Nehmen Sie sich ein wenig Zeit für sich selbst...

Legen Sie sich Papier und Stift bereit und beantworten sich möglichst ehrlich folgende Fragen:

→ Was ist besonders wichtig für mich?

z.B. finanzielle Sicherheit, Treue, gemeinsame Interessen, das Gefühl geliebt zu werden, eigene Aktivitäten etc.
➢ Machen Sie sich hierzu eine Rangliste.

→ Kann ich meine Prioritäten (aus)leben?

➢ Welche meiner Prioritäten werden in meiner derzeitigen Lebenssituation nicht ausreichend berücksichtigt?
➢ Welche Bedürfnisse werden nicht erfüllt?
➢ Was vermisse ich?
➢ Was wünsche ich mir?
➢ Was könnte ich selber tun, damit meine Prioritäten und Bedürfnisse als wichtiger Bestandteil in eine Beziehung mit einfließen?
➢ Sehe ich eine Möglichkeit, dass sich die Partnerschaft so verändert, dass ich in ihr (noch) leben kann?
➢ Gibt es die Chance, eine Einigung mit meinem Partner über unser beider Prioritäten und Bedürfnisse zu finden, so dass wir beide in der Partnerschaft (noch) zufrieden leben können?

→ Wie kann ich meine Prioritäten besser (aus)leben?

➢ Ließe sich das noch mit der Partnerschaft vereinbaren?
➢ Ließe sich das mit einer Trennung vereinbaren?
➢ Welche anderen Möglichkeiten habe ich oder bleiben mir sonst noch?
➢ Welche davon ist realistisch und für mich umsetzbar?

→ **Welchen Weg will ich gehen?**

Ist die Beziehung angespannt, bekommen wir schnell etwas in den sprichwörtlichen falschen Hals, hören einander nicht mehr richtig zu und ergehen uns in gegenseitigen Vorwürfen. So eskalieren nicht selten auch banale und alltägliche Situationen zu einem handfesten Streit.

Doch machen Sie sich folgendes bewusst:
Hinter einem Vorwurf wie z.B. *„Nie bist du da, wenn ich dich brauche!"* steckt immer eine unerfüllte Erwartung: *„Mein Partner soll immer für mich da sein.",* der wiederum ein unerfüllter Wunsch zu Grunde liegt: *„Ich wünsche mir, dass du mehr für mich da bist- oder, dass wir mehr Zeit füreinander haben."*

Bleiben Sie in einer Vorwurfshaltung, wird sich Ihr Partner vermutlich aus einer Verteidigungsposition heraus gegen diesen Vorwurf zur Wehr setzen. Höchst wahrscheinlich wird er dann ebenso seine „Geschütze" in Stellung bringen. Und schon sind Sie mitten im feinsten Rosenkrieg, kommen einer Lösung nicht näher, sondern verletzen sich mehr und mehr, je matschiger die Schlammschlacht wird.

Es ist bei hochkochenden Emotionen nicht einfach, aus der gegenseitigen Vorwurfshaltung herauszutreten und doch gibt es einen Weg. Versuchen Sie, bei sich selbst und Ihren Gefühlen zu bleiben und sich Ihrer Partnerin zu öffnen. Sagen Sie Ihr, was Sie vermissen, was Sie verletzt, welche Gefühle in Ihnen ausgelöst werden, welche Bedürfnisse Sie haben und was Sie sich wünschen. Kommen Sie auf dieser Grundlage in einen tiefen Austausch miteinander, nehmen Sie sich gegenseitig deutlicher und somit besser wahr. Sie erfahren etwas über die tieferliegenden Wünsche und Bedürfnisse des jeweils anderen, gehen offener aufeinander zu und aufmerksamer miteinander um.

Unabhängig von der Frage, ob Sie sich trennen wollen oder werden, können Sie auf diese Weise gemeinsam daran arbeiten, Ihre Beziehung zu klären und insofern zu verbessern.

IN EINER TRENNUNG

Ist die Trennung ausgesprochen, gilt es diese anzunehmen. Sie ist Faktum und als Tatsache zu akzeptieren.

Selbst wenn eine Trennung auf Zeit oder zur Probe angesagt ist, bedeutet dieses nicht, dass man eines Tages den Weg zueinander tatsächlich wieder findet.

So hat vielmehr ein jeder der Partner für sich selbst zu klären und zu überlegen, wie er gedenkt, sein weiteres Leben zu gestalten. Hierbei ist wichtig, sich zumindest ein Stück weit unabhängig von seinem bisherigen Partner und dem gemeinsam entworfenen Lebenstraum zu machen.

Dieses ist gerade zu Beginn und vor allen Dingen für den verlassenen Partner nicht leicht. Noch ist man in gewisser Hinsicht darauf geeicht, zu schauen, was der andere über die eigenen Pläne denkt, ob diese ihm zusagen, ob er damit einverstanden ist oder eben gerade ablehnt. Es braucht nicht selten einiges an Zeit, dieses Verhaltensmuster des *„Sich mit dem anderen abstimmen zu wollen oder zu müssen."* abzulegen.

Zeitgleich steht in der Regel auch die Bearbeitung der oftmals brennenden Fragen an:
→ Wie kam es zu der Trennung?
→ Welchen Anteil habe ich selbst am Scheitern der Beziehung?
→ Welchen Anteil hat der andere?

So hat man nicht nur viel im Lebensumfeld zu verändern.

Es gilt vielmehr, den Schutt des Alten wegzuräumen,
das eigene Fundament freizulegen,
den Plan für ein neues Gebäude zu entwerfen
und eigenständig mit dem Bau zu beginnen.

Ist die Beziehung gescheitert, der Traum vom gemeinsamen Leben zerplatzt, dann sind wir nicht selten gefangen in einem Gefühl von Trauer und Enttäuschung. Hatten wir doch einst vielleicht gehofft, mit diesem Partner bis an unser Lebensende glücklich zu bleiben, gemeinsame Ziele zu erreichen und unser Leben und die damit verbundenen Aufgaben auf lange Zeit oder immer anzunehmen, so entpuppt sich dies als Täuschung.

Natürlich können wir uns ergehen in Schuldvorwürfen und Schuldgefühlen, in Selbstmitleid versinken oder zwanghaft versuchen, den anderen so lange zu manipulieren, bis er zu uns zurückkommt. Doch ändert dies alles nichts an der Tatsache, dass wir der Täuschung beraubt sind.

Dieses aber wollen wir in der Regel nicht sehr gerne spüren. Denn es ist nicht gerade angenehm zu erkennen, sich selbst ein Stück weit etwas vorgegaukelt zu haben.

So haben wir zu Anfang recht häufig einen eher einseitigen Gedankengang, wie beispielsweise diesen: *„Der andere hat mich enttäuscht, konnte er mir doch nicht das geben, was ich gebraucht hätte. Ja, er konnte es nicht schaffen, das aufzubieten, was es für ein dauerhaftes Glück oder ein zumindest ausreichendes Maß an Zufriedenheit gebraucht hätte."*

Meist erweitert sich dieser Gedankengang im Laufe der Zeit in eine solche oder ähnliche Erkenntnis: *„Ich selbst war nicht in der Lage, dem anderen klarzumachen, was ich gebraucht hätte, damit er mir dieses geben kann. Vielleicht konnte ich ihm auch nicht das geben, was er gebraucht hätte. Somit habe ich gleichermaßen nicht genügend dazu beitragen, um die Beziehung auf einem notwendigen Level an Zufriedenheit oder sogar Glück zu erhalten."*

Durch das Anerkennen der eigenen Versäumnisse und Anteile am Scheitern der Beziehung übernimmt ein jeder die Verantwortung für sich selbst.

Auf diese Art und Weise der Täuschung beraubt, haben Sie sich im wahrsten Sinne des Wortes selbst enttäuscht und sind in der Realität angekommen.

Ist eine Trennung Fakt, dann bricht unsere alte Welt zusammen. Dies ist verbunden mit unterschiedlichsten Gefühlen, wie:
→ Trauer über den Verlust des Alten
→ Wut auf den anderen und ggf. auch auf sich selbst
→ Angst vor der Zukunft
Die Angst vor der Zukunft entpuppt sich bei näherem Hinsehen meist eher als Angst vor der Ungewissheit, wie das eigene Leben unter neuen Vorzeichen weiter gehen kann und wird.

Werden diese Gefühle fast ausschließlich auf den ehemaligen Partner gerichtet, so versucht man mehr oder weniger bewusst, der eigenen Verantwortung auszuweichen. Er hat uns verlassen oder dazu gebracht, ihn zu verlassen. Deswegen ist er für die entstandene Trauer verantwortlich, für die in uns aufkeimende Wut und auch für die Unsicherheit, der wir durch die Trennung ausgesetzt sind.

Doch machen Sie sich bitte folgendes bewusst:
Wir sind diejenigen, die diese Gefühle haben, die sie fühlen und ggf. unter ihnen leiden. Der andere hat diese durch sein Verhalten vielleicht in uns ausgelöst und hat hierdurch sozusagen den Anlass dazu geboten. Doch die Verantwortung für die ausgelösten Gefühle hat er nicht. Er hatte seine in ihm liegenden Gründe, so zu sein, wie er ist und so zu handeln, wie er gehandelt hat. Wenn wir sein Verhalten nicht gerechtfertigt finden, sind wir verletzt und ziehen daraus nicht selten die Schlussfolgerung:
„Der andere hat uns mehr oder weniger bewusst verletzt."

In Wahrheit jedoch sind wir es, die wir uns an dem anderen und seinem Verhalten verletzten. Denn es ist unser, was sein Verhalten in uns auslöst → wie sehr wir uns davon beeindrucken und beeinflussen lassen.

So sind wir gefordert, in uns selbst zu blicken:

Um die inneren Lähmung aufzubrechen,
gilt es, sich die Gefühle näher anzuschauen.

Unsere Gefühle haben einen wichtigen Zweck und tieferen Sinn:
Sie sind ein Parameter für unsere innere „Stimmung" bzw.
„Stimmigkeit". Unsere Gefühle machen uns aufmerksam, wenn
etwas in uns nicht stimmig ist und fordern uns ggf. zu einer Änderung unserer Sicht- und Verhaltensweisen auf.

So ist Trauer wichtig, führt sie uns doch auf uns selbst zurück.
Im Laufe der Zeit werden wir erkennen können, dass wir selbst
Mitverursacher dieses Gefühls sind. Wir haben ebenso wie der
Andere dazu beigetragen, dass die Beziehung gescheitert und der
gemeinsame Lebensentwurf geplatzt ist.
Den Lebenstraum zu entzaubern ist ebenso traurig, wie anerkennen zu müssen, was man selbst nicht vermochte, um diesen
zu erhalten bzw. aus dem Traum in die Realität zu heben.
In tiefer Auseinandersetzung mit den eigenen Werten und Erwartungen an eine Beziehung, der Selbstdefinition und den inneren Prioritäten eröffnet sich ein Raum für die Erkenntnis, was in
der Beziehung schief gelaufen ist und nicht selten auch, dass sie
unter falschen Hoffnungen und Erwartungen an sich selbst und
den anderen eingegangen bzw. geführt worden ist.

Die Wut ist eine Triebfeder und geballte Energie.
Sie fordert uns auf, das eigene Leben umzugestalten. Damit diese
nicht als Wut auf den Anderen ins Außen oder als Wut auf uns
selbst nach innen verpufft, gilt es sich zu fragen: *„Was will ich und
was brauche ich eigentlich für mich, unabhängig von einer Partnerschaft und einem bzw. diesem Partner?"*
Auf Grund dieser Erkenntnis kann sich die gefühlte Wut nach
und nach umwandeln in Tatkraft, das neu Entdeckte und bislang
nicht Gelebte in der Realität umzusetzen.
Auch reift durch diese innere Fragestellung die Erkenntnis, dass
der andere sich mit ähnlichen Fragen abzumühen hat und ggf.
erkannt hat, dass seine Werte und Prioritäten in der bisherigen
Partnerschaft für ihn nicht mehr zu leben waren. Gesteht man
ihm das Recht auf einen eigenen Willen und die dazugehörigen
Entscheidungen zu, wird die Wut auf ihn nachlassen und sich mit
der Zeit auflösen.

Die Angst mahnt uns zur Achtsamkeit.

Wir brauchen ein gewisses Maß an Sicherheit, welches mit dem Scheitern des bisherigen Lebensentwurfes ins Wanken geraten ist. So gilt es für sich selbst und zum Teil auch mit dem Partner zu klären, wie vorhandene Werte aufgeteilt werden, die finanzielle Situation zu regeln ist und ggf. auch, bei wem gemeinsame Kinder leben werden.

Die Angst ermahnt uns hierbei, uns nicht übervorteilen zu lassen und richtet den Blick auf einen gangbaren und existenzerhaltenden Weg. So gilt es für uns selbst zu klären, was wir uns vorstellen können für unser weiteres Leben. Welche Regelungen und Sachverhalte wir bereit sind, zu tragen. Auch stellt sie die Frage, wie wir mit solchen umgehen können, die für uns unerwünscht sind oder nicht tragbar erscheinen. Zudem richtet die Angst den Blick auf andere Möglichkeiten zum Ausgleich von evtl. entstehenden finanziellen und anderen Einbußen.

→ So führt uns Trauer auf uns selbst zurück, damit wir uns selber (wieder) deutlicher fühlen können.

→ Angst ermahnt uns, einen gangbaren Weg einzuschlagen und uns nicht übervorteilen zu lassen.

→ Wut hilft dabei, uns selbst klarer abzugrenzen, zu uns zu stehen und uns selbst zu vertreten.

Haben wir unsere Gefühle wahrgenommen und die dahinterstehenden Fragestellungen genutzt, um uns selber besser zu verstehen, stehen sie uns vielmehr transformiert zur Verfügung um als:

> Triebfeder der Tatkraft,
> unsere Wünsche, sowie neuen Ziele
> in Anerkennung vorhandener Möglichkeiten und Grenzen
> erfolgreich in die Welt zu bringen und umzusetzen.

Recht häufig ist unser Verhalten in einer Trennung immer noch auf den ehemaligen Partner ausgerichtet.

So wollen wir ihm beispielsweise beweisen, dass wir ohne ihn nicht klar kommen und ihm die Verantwortung für unser Leid zuschieben. Oder wir wollen ihm gerade das Gegenteil vor Augen führen, indem wir ihm zu demonstrieren versuchen, dass wir ihn nicht brauchen oder ohne ihn viel besser klar kommen. So agieren und reagieren wir nicht selten in dem Bewusstsein und der inneren Fragestellung, was der andere wohl über unser Verhalten denken mag, ob er es gutheißt oder ablehnt. Nicht selten ergötzen wir uns daran, es dem anderen auf die eine oder andere Weise gezeigt zu haben. Hängen wir in einer solchen „Schleife", bleiben wir innerlich in der Beziehung verhaftet. Selbst wenn diese nach Außen durch die ausgesprochene Trennung aufgelöst ist, sind wir im Inneren immer noch an diese gebunden.

Machen Sie sich hierbei bitte folgendes bewusst:
Mit der Trennung ist die gemeinsame Lebenswelt gescheitert. Somit ist ein jeder von Ihnen für sich selbst verantwortlich. Der andere braucht Ihr Handeln weder gutzuheißen noch abzulehnen. Es geht ihn nämlich nicht mehr wirklich etwas an. Lediglich die Punkte, in denen Sie eine gemeinsame Verantwortung weiterhin wahrzunehmen haben, bedürfen einer Abstimmung und gemeinschaftlichen Regelung. Diese bezieht sich aber vorrangig auf den äußeren Rahmen, wie z.B. wer wann die Kinder bei sich hat. Wie ein jeder mit seiner Verantwortung umgeht und diese erfüllt, ist im weitesten Sinne seine eigene Angelegenheit, es sei denn, er richtet einen nicht zu duldenden Schaden an.
So gilt es, sich auf sich selbst zu besinnen und sich klarzumachen, was man für sich selber will, ohne den ehemaligen Partner in den Fokus der Überlegungen zu stellen. Und auch sich zu verdeutlichen, das was auch immer der andere will, unabhängig von sich selbst zu sehen.
Sie sind Ihrem ehemaligen Partner nicht, und er ist es Ihnen ebenso wenig, zur Rechenschaft verpflichtet.

Nicht selten jedoch hören die Anfeindungen eines ehemaligen Partners nicht auf. Vielleicht versucht er uns so lange zu manipulieren, zu provozieren, evtl. zu beschuldigen oder vor anderen schlecht zu machen, bis uns irgendwann der Kragen platzt und wir ihm endlich unsere, wenn auch ggf. negative Aufmerksamkeit schenken. Unter Umständen fühlen wir uns sogar zu Handlungen bewegt, die uns nicht wirklich behagen. Doch machen wir uns bewusst, dass das Verhalten des ehemaligen Partners nur insofern etwas mit uns selbst zu tun hat, als dass wir sozusagen als Zerrspiegel für ihn fungieren, so kann es uns eher gelingen, ihn wie das Rumpelstilzchen im Märchen toben zu lassen.

Vielleicht versucht eine ehemalige Partnerin auch, die alten Zeiten zu beschwören und die Beziehung auf die eine oder andere Weise weiterzuführen. Selbst wenn die ursprüngliche Aussprache der Trennung von ihr ausging, haben wir uns möglicherweise in eine andere Richtung entwickelt und wollen die Beziehung nicht neu beleben. Sind wir also zu einer „Neuauflage" der Partnerschaft nicht bereit, dann denken wir nicht selten, es sei an uns, dieses zu beweisen und sie von unserer Realität zu überzeugen. Doch muss sie uns weder verstehen, noch unsere Entscheidung für einen anderen Weg gutheißen.
Ein jeder Mensch hat das Recht, auch mit sich selbst und seinem Leben eben (noch) nicht klarzukommen. Das einzige, wodurch wir ihm helfen können, ist, möglichst klar zu bleiben und uns nötigenfalls abzuwenden.

Unsere Entscheidung für einen neuen Weg ohne Partner an unserer Seite hat viel mehr etwas mit uns selbst zu tun, als mit dem anderen. Haben wir erkannt, dass wir nicht mehr glücklich oder zufrieden sind, dann sind es unsere eigenen Gefühle, die uns zu einer Änderung der Lebenssituation bewegen und nicht die Person des ehemaligen Partners an sich.
Vielleicht mussten wir uns auch zwangsläufig mit der neuen Lebenssituation auseinandersetzen, da dieser gegangen ist.
Vielleicht hat es auch einfach nicht (mehr) zusammengepasst.

Machen wir uns bewusst, dass wir den anderen nicht willentlich verletzen wollen, sondern viel mehr zu uns selber stehen, so können wir klarer sehen, dass der andere sich an uns und unserem Verhalten vor allen Dingen selbst verletzt.

Und doch ist es nicht an uns, ihn vor seinen Verletzungen zu bewahren oder ihn vor sich selbst zu retten. Es ist viel mehr an ihm, sich selbst damit auseinanderzusetzen. Ob er dieses eines Tages tut, liegt nicht in unserer, sondern ausschließlich in seiner eigenen Verantwortung.

So sind Anfeindungen oder Schmeicheleien eines ehemaligen Partners meist zurückzuführen auf sein derzeitiges Unvermögen, sich mit seinen eigenen Gefühlen und den eigenen Anteilen am Scheitern der Beziehung auseinanderzusetzen. Es ist und bleibt dies jedoch seine eigene Entscheidung, sich auf den inneren Prozess einzulassen oder eben nicht.

Für den angefeindeten oder umschmeichelten Partner ist es wichtig, sich nicht auf solche bindenden Spielchen einzulassen:

Durch das Klarwerden der inneren Gefühle, das Annehmen der eigenen Anteile am Scheitern der Beziehung, dem Erkennen und ggf. Bereuen oder Betrauern von gemachte Fehlern, sowie die Erkenntnis über eigene Bedürfnisse, Prioritäten und Erwartungen, kann es gelingen, sich innerlich weitestgehend abzugrenzen und sich selbst und den anderen in seiner eigenen Verantwortung zu belassen.

Dies ist gleichzusetzen mit einer Art persönlichen Firewall.

Sind wir uns über uns selber klar und mit uns selbst weitestgehend im Reinen, dann gleiten Vorwürfe und Schmeicheleien eher an uns ab.

Denn wir haben begriffen, dass der andere sich zwar an uns verletzt, dieses jedoch weniger mit uns, als mit ihm selbst zu tun hat.

Nach einer Trennung

Liegt die Trennung hinter einem und sind erste eigene Schritte gegangen, so eröffnet sich mit dem Loslassen der Verbindung zu dem ehemaligen Partner nicht selten ein breites Potpourri an Möglichkeiten, sein Leben für sich zu gestalten. Durch das Anzapfen neuer und auch alter Ressourcen kann man sich in Abstimmung mit der Realität völlig neu und anders in der Welt positionieren. So ist dies die Zeit, tief in sich zu gehen und sich zu fragen: *„Wie will und werde ich in Zukunft mein Leben gestalten?"* Zudem steht an, das Scheitern des ehemaligen Lebensentwurfes zu verdauen und in die eigene Historie zu integrieren. Selbst wenn dieses möglicherweise vorerst nur mit einem Gefühl des persönlichen Versagens verbunden ist, bleibt doch die Beziehung immer ein Bestandteil des eigenen Lebens. Und zwar in ihrer Gänze: Vom vermutlich zauberhaften Beginn, über die gemeinsame mehr oder minder erfüllende Zeit, bis zu ihrem traurigen Ende. So gilt es diese ehemalige Beziehung als vergangen anzunehmen. Was bleibt, sind, neben den gewonnenen Erkenntnissen über sich selbst, eine Vielzahl an schönen, weniger schönen und möglicherweise auch mahnenden Erinnerungen.

Nicht selten sind durch in der Beziehung erlittene Verletzungen auch seelische „Narben" entstanden. Hat der Partner einen beispielsweise hintergangen, so braucht es nicht selten eine geraume Zeit, zu einem anderen Menschen tiefes Vertrauen aufzubauen. Solche vorhandenen Narben gilt es zu erkennen und zu pflegen, sie sind zu beobachten und ggf. als Schwäche zu erwähnen. Auf diese Weise wird es anderen Menschen leichter fallen, ein evtl. als merkwürdig empfundenes Verhalten besser einzuordnen. So nach dem Motto: *„Sie wurde von ihrem früheren Partner aufs übelste hintergangen. Ich weiß das und kann daher nachsichtiger und angemessen mit ihrer heftigen Reaktion umgehen. Diese hat nicht wirklich etwas mit mir, sondern mit ihr und ihrer Geschichte zu tun."*

Durch einen offenen Umgang mit den seelischen Narben und neu gemachten Erfahrungen, können diese nach und nach abheilen.

Nehmen Sie sich ein wenig Zeit für sich selbst...

Legen Sie sich Papier und Stift bereit und beantworten
sich möglichst ehrlich folgende Fragen:

→ Was brauche ich für mich?
→ Gäbe es die Trennung und die ganzen Probleme nicht,
　 was glaube ich, für mich selbst zu brauchen?
→ Was brauche ich für mich unabhängig von einem Partner?
→ Könnte ich völlig frei von derzeitigen Verantwortungen
　 und Bindungen mein Leben neu entscheiden,
　 was glaube ich, für mich selbst zu brauchen?

→ Welche Werte und Prioritäten will ich mitnehmen,
　 bewahren und behalten?
→ Welche will ich nicht missen?
→ Welche kann ich nicht missen?
→ Welche davon brauche ich für mich?

→ Was brauche ich außerdem noch?
→ Kann ich es erlangen?
→ Kann ich es mir selbst erarbeiten?

→ Was will ich mitnehmen aus meinem alten Leben?
→ Was kann ich davon mitnehmen in mein neues Leben?
→ Was will ich zurücklassen?
→ Was muss ich zurücklassen?

→ Was will ich außerdem noch?
→ Kann und will ich es erschaffen?
→ Kann und will ich es umsetzen?

→ Wie will ich mein Leben ab jetzt gestalten, dass ich mich
　 selbst möglichst frei entfalten und verwirklichen kann?
　 Im Einklang mit mir selbst und meinen mitzunehmenden,
　 sowie neuen Verpflichtungen und Verantwortlichkeiten.

Hat man sich mit dem auseinandergesetzt, was man für sich selber braucht und will und dies von der Verknüpfung an eine Partnerschaft und vor allen Dingen an den ehemaligen Partner freigemacht, ist es an der Zeit, sich neu zu definieren.

Es ist sinnvoll, erneut eine tiefe Innenschau zu halten und zu erkennen, was sich in einem selbst verändert hat:

→ Was ist ihnen jetzt noch wichtig, was früher Lebensgrundlage ihres Seelenheils gewesen ist?

→ Welche Werte haben für Sie immer noch Bestand?

→ Welche Prioritäten setzen Sie jetzt neu und anders?

→ Wie wollen Sie Ihr Leben in Zukunft gestalten?

→ Wer ist der Bestimmer Ihres Seins?

→ Wer trägt Ihre Verantwortung?

→ Wessen Verantwortung tragen Sie?

→ Stehen Sie in sich und leben Sie sich im Einklang mit Ihrem Wollen und den Möglichkeiten, die die Realität Ihnen bietet?

→ Gibt es noch etwas zu bearbeiten, „hängen" Sie noch irgendwo fest?

Durch diesen tiefen Dialog können Sie sich neu sortieren und neu orientieren. Altes wird hinfällig, anderes an seine Stelle gesetzt. Nicht selten verschiebt sich die eigene Prioritätenliste zu Gunsten neuer oder wiedergewonnener Werte und Bedürfnisse.

Erstellt man eine solche erneut und vergleicht sie mit der alten, so ist man nicht selten reichlich überrascht von der inneren Veränderung. Meist würde man die alte Liste gar nicht mehr als Grundlage des eigenen Lebens wählen. Sie entspricht einem selbst und den Vorstellungen von dem eigenen Leben nicht mehr.

Zu guter Letzt stellen Sie sich diese eine Frage:
„Über wen oder was definiere ich mich jetzt?"

Es ist sinnvoll, diese Frage im Hinterkopf zu halten und sich hin und wieder selbst zu stellen. Unser Leben ist einem ständigen Wandel unterzogen und ab und an lassen wir es gerne einfach so laufen. Durch diese Frage bleiben wir eher in der eigenen Verantwortung und sind uns unseres Selbst bewusster.

Nicht selten schleppen wie bildlich gesehen gewisse Altlasten mit uns herum. So haben wir uns nach der Trennung vielleicht geschworen, niemals mehr eine Beziehung einzugehen, da wir uns nimmermehr verletzten lassen wollten.

So sind uns diese Altlasten nicht selten wie ein Knoten in der Brust, der uns daran hindern kann, uns neu zu öffnen und tief auf einen anderen Menschen einzulassen. So bleibt als Quintessenz ein eher unbewusstes Blocken von tiefen Gefühlen. Dieses ward einst bewusst oder unbewusst als Schutzmechanismus der Seele eingesetzt, um uns vor dem vermeintlich tiefen Absturz zu schützen. Auch wenn dieses an sich im Jetzt nicht mehr relevant ist, wir wieder fest im Leben stehen und uns ggf. nach einem innigen Austausch mit einem anderen Menschen sehnen, vermögen wir es nicht, den inneren Glaubenssatz aufzubrechen:

„Lieber allein bleiben in der Gewissheit, mein Leben selbst zu regeln und im Griff zu haben, als nochmal hinab geschleudert zu werden in die Tiefen der eigenen Abgründe und damit verbundenen Verletzungen."

Macht man sich jedoch bewusst, dass man das Vergangene nicht zwangsläufig wiederholen muss und hat man es zu dem geschafft, sich nicht mehr über den Partner, die Partnerschaft oder das Ideal des Wir, sondern vielmehr über sich selbst zu definieren, dann ist die Gefahr eines tiefen Absturzes gering.

Denn sollte sich eine neu eingegangene Beziehung wieder lösen, sind damit nicht mehr automatisch das ganze Sein und hierdurch die gesamte Existenz in Frage gestellt.

So kann man an Altlasten arbeiten, diese als wichtige ehemals notwendige Schutzmechanismen annehmen und sich von den überflüssig gewordenen befreien. Erkennt man für sich selber an, dass man niemals mehr den anderen als Grundlage der eigenen Definition ge- bzw. missbrauchen wird, kann dieses gelingen.

So wird ein tiefer Austausch oder eine erfüllende Partnerschaft mit einem anderen Menschen wieder möglich und ist um vieles fruchtbarer, stehen beide bewusst in sich selbst.

Sind die Altlasten eher anderer Natur und man findet sich nicht mehr attraktiv und liebenswert, dann stellt sich die Frage, woher dieses Gefühl der Gewissheit kommt. Welche Instanz hat die Macht, dieses zu bewerten und zu entscheiden?
Vielleicht hat man in der Vergangenheit eben dieses nur zu oft zu hören oder zu spüren bekommen. Von einem ehemaligen Partner oder vielleicht auch schon sein ganzes Leben lang, beginnend bei den Eltern, die einen so kleingehalten haben und das Gefühl vermittelten, nicht gut genug zu sein, nicht genügend wertvoll zu sein. Nicht selten übernehmen wir diese Sichtweise, auch dieses ist meist ein unbewusster Schutzmechanismus. Nimmt man dieses als Wahrheit und gegeben an, ist es leichter, es auszuhalten, als durch die Auflehnung dagegen ggf. den Verlust der Existenz durch den Ausschluss aus der Gruppe, hier Familie oder Partnerschaft, zu riskieren. So haben wir nicht selten solche Sichtweisen internalisiert und uns so als innere Glaubenssätze zu Eigen gemacht. Es gilt nunmehr, sich von diesen zu befreien, denn sie entsprechen uns nicht (mehr).
Der einzige Mensch, der etwas über den eigenen Wert aussagen kann, ist man selbst. Und wenn man anerkennt, dass niemand mehr oder weniger wert ist, als man selbst, entpuppt sich diese ganze Wertfrage als ziemlicher Unsinn. Denn bin ich ebenso viel wert, wie jeder andere, dann bin ich auch genauso liebenswert, wie jeder andere. Und Attraktivität hat eher wenig mit körperlichen Merkmalen, denn mit Ausstrahlung zu tun.

Die Frage, die sich dann stellt, ist folgende:
„Fühle ich mich wert, geliebt zu werden?"

Und wenn nicht, warum nicht...
So kann man dieses tief durchleuchten. Gelingt es einem nicht alleine, kann es sinnvoll sein, sich kompetente Hilfe an die Seite zu stellen oder sich einfach eines Besseren überzeugen zu lassen, in dem man sich ggf. auf einen neuen Menschen einlässt.
Weiß dieser um die Problematik, dann kann er liebevoll damit umgehen und sich so unterstützend einbringen, um diese Narben abheilen zu lassen.

Ein mancher fühlt sich eher nicht wirklich liebesfähig.
Auch hier stellt sich die Frage nach dem dahinter liegenden, aus eigenen Erfahrungen gebildeten Glaubenssatz.
Vielleicht hat man fast bis zur Selbstaufgabe geliebt und konnte den anderen trotz aller Liebesanstrengungen und -beweise nicht an seiner Seite halten. So hat sich dieser dennoch abgewendet. Manchmal kommt es dadurch zu der eher gefühlten Erkenntnis, dass die gegebene Liebe nicht reicht, nicht ausreichen kann.
Und dass man unfähig ist, genügend bzw. genug zu lieben.
Doch macht man sich bewusst, dass der andere trotz des Geschenks der Liebe darin frei bleibt, sich anders zu entscheiden, wird schnell die Unstimmigkeit des verinnerlichten Glaubenssatzes klar. Man kann lieben, so stark und so viel man will, wird die Liebe nicht erwidert, steht man sprichwörtlich auf verlorenem Posten. Ist die Liebe nur von einer Seite vorhanden, dann hat die Beziehung nicht selten ihren wirklichen Sinn verloren. Und dieses hat rein gar nichts mit der persönlichen Liebesfähigkeit des einen zu tun. Macht man sich zudem bewusst, dass ein jeder Mensch nur soviel und soweit lieben kann, wie er kann, dann weiß man: Mehr als sein Bestes kann man nicht geben.
Wendet sich der andere ab, dann liegt dies in der Regel an ihm und dem Schwinden seiner eigenen Gefühle und nicht an demjenigen, der weiterhin noch liebt.
So gilt es diesen Glaubenssatz aufzubrechen:
„Ich kann nur soviel Liebe geben, wie ich kann. Will der andere die Liebe nicht annehmen und an mich zurückgeben, dann hat dies viel mehr mit ihm, als mit mir und meiner Fähigkeit zu lieben zu tun."

Solche und ähnliche Altlasten bzw. verinnerlichte und nicht mehr für uns passende Glaubenssätze, können uns teilweise auch erst Jahre nach der eigentlichen Trennung bewusst werden.
Kommen wir innerlich ins Stolpern und denken oder fühlen wir:
„Ich kann nicht…, Ich darf nicht…, Ich sollte nicht…" o.ä., dann ist es sinnvoll näher hinzuschauen und zu ergründen, ob evtl. ein verquerer Glaubenssatz dahinterliegt, der auf eine abschließende Bearbeitung und Auflösung drängt.

NEUE WEGE BESCHREITEN

Will man neue Wege beschreiten, ist es sinnvoll und mitunter notwendig, das eigene Fundament und somit die Grundlage der zu treffenden Entscheidungen, sich selbst noch einmal näher zu betrachten.
So gilt es sich diese oder ähnliche Fragen zu stellen:
→ Hat man für sich alles geklärt, was zu klären möglich ist?
→ Ist der neue Weg nicht eher eine Art Flucht aus dem Alten?
→ Ist er tatsächlich die bewusste Entscheidung für das Neue?
Konnten diese Fragen in tiefer Auseinandersetzung mit sich selbst zufriedenstellend geklärt werden, gibt sich der Weg sozusagen von selbst frei. Noch vorhandene Unsicherheiten legen sich und machen vielmehr der Gewissheit Platz, das eigene Leben endlich in die Hand nehmen und erfolgreich meistern zu können.

Dennoch gibt es noch einen weiteren Punkt, der höchstwahrscheinlich unserer tiefen Betrachtung bedarf:
Es ist dies die Frage, wie wir bislang das Scheitern der Beziehung und des ehemaligen Lebensentwurfes in unsere eigene Historie eingeordnet haben. Empfinden wie diese immer noch als eine Form des persönlichen Versagens oder erfasst uns noch immer eine unbändige Wut oder Traurigkeit, so gilt es, sich noch einmal hineinzubegeben in den Bearbeitungsprozess.
Selbst wenn die Beziehung und ihr Scheitern schon eine Weile zurückliegen, kann es geschehen, dass wir immer noch ein Stück weit in der Vergangenheit verhaftet sind, uns noch nicht vollständig aus den ehemaligen Gefühlen lösen und somit davon befreien konnten. Dieses würden wir unbewusst mitnehmen in unser neues Leben und es könnte eines Tages schlimmstenfalls als Hemmnis oder innere Blockade mitten auf dem neuen Wege vor uns liegen.
Machen wir uns folgendes bewusst: Die Beziehung liegt hinter uns und die gemachten Erfahrungen und hieraus gewonnen Erkenntnisse vor allen Dingen über uns selbst sind ebenso wie andere Erfahrungen und Erkenntnisse in unserem Leben, ein wichtiger Bestandteil unseres eigenen Fundaments.

So ist es wichtig, dieses richtig einzuordnen.
Es gilt vielmehr das Vergangene in Gewesenes zu verwandeln.
Ist etwas in uns vergangen und empfinden wir es als unsere eigene Vergangenheit, dann sind wir immer noch mehr oder weniger mit den früheren Gefühlen verbunden.
Denken wir an traurige Situationen oder an grausame, dann fällt nicht selten das damalige Gefühl, wenn auch in abgeschwächter Form, über uns her. Wir haben sinnbildlich Mitleid mit uns selbst, weil wir uns selbst bemitleiden.

Durch die Umwandlung in Gewesenes können wir uns selbst ein Stück weit aus der emotionalen Verknüpfung herausnehmen.
Wir betrachten es vielmehr von etwas weiter außen und leiden weniger intensiv mit. So können wir im Laufe der Zeit die markanten Punkte unserer Beziehung, ihres Beginns und ihres Endes, fast wie in einem Fotoalbum betrachten.
Diese werden in uns positive wie negative Erinnerungen wecken und uns doch in unserem neuen Leben nicht mehr übermäßig durch längst vergangene Emotionen belasten.

Fällt dieses sehr schwer und gibt es möglicherweise die eine oder andere Erinnerung, die uns in heftige alte Gefühle hineinwirbelt, so gilt auch hier, sich erneut dem Bearbeitungsprozess zu stellen.

Nicht wenige Menschen stehen vor der innerlichen Problematik, zu glauben, dem anderen oder sich selbst verzeihen zu müssen.
Dies ist nicht selten gepaart mit der Vorstellung:
Erst wenn ich verzeihen kann, dann kann ich es wirklich los- und ruhen lassen. Doch ist dieses ein Trugschluss. Es gibt etliche Verhaltensweisen und daraus resultierende Handlungen, die für uns auf Grund unserer inneren Werte nicht verzeihbar sind und sein können.
Sie sind bei Einsicht in ihr Falschsein als gemachte und ggf. nicht wieder gutzumachende Fehler anzunehmen und können nur als solche stehen gelassen werden.

Ohne Einsicht in ihr Falschsein kann man diese nur stehen lassen, in der Gewissheit, dass die Handlungen und dahinter liegenden Verhaltensweisen nicht wirklich zu dulden und gut zu heißen gewesen wären.

So ist es wichtig, diese Dinge und Fehler als das stehen zu lassen, was sie sind, eben nicht zu verzeihende begangene Handlungen und dadurch geschaffene Tatsachen. Gelingt uns dieses, dann sprechen wir uns selbst oder den ehemaligen Partner nicht durch das Verzeihen von der eigenen Verantwortung frei.

Wir lassen diese Verantwortung vielmehr dort und bei demjenigen stehen, wo sie hingehört. Die Tatsachen lassen sich zwar nicht mehr verändern, belasten uns jedoch nicht mehr so stark, denn auch sie werden durch diese Form des Umgangs mit ihnen zu etwas Gewesenem.

Wer trotz allem sich selbst und dem anderen zu verzeihen vermag, der kann dies gerne tun. Doch ist dieses in Wahrheit nur auf eine Weise möglich: Verzeihen kann man immer nur aus freiem und ganzem Herzen und niemals aus einem Zwang heraus.

ALTE BEZIEHUNGSMUSTER AUFLÖSEN

Im Laufe der inneren Einkehr ist vielen von uns vielleicht bewusst geworden, dass wir bislang immer dann am tiefsten geliebt haben, wenn wir einen Partner an unserer Seite hatten, der uns nicht das gab oder geben konnte, was wir vermeintlich am meisten gebraucht hätten.
Nicht selten zieht sich dieses wie ein roter Faden durch das Leben. Waren vielleicht unsere ehemaligen Partner auch völlig verschiedene Menschen, waren ihre Verhaltensweisen, an denen wir uns verletzten, vermutlich lediglich in Nuancen unterschiedlich. Oftmals spiegelten diese uns Problematiken und Glaubenssätze, die wir aus früheren Zeiten, nicht selten schon aus Kindheitszeiten in uns tragen.

Ist z.B. der Selbstwert angeschlagen, so brauchten wir bislang immer einen „Sparringspartner", an dem wir uns abmühten, ihm unseren Wert zu beweisen. Nicht selten ging das auf Dauer schief. Anstatt, dass wir den eigenen Wert dauerhaft im Auge des anderen erkannten, fühlten wir uns nicht selten eines Tages eines besseren belehrt. Hierdurch sank das Gefühl des Selbstwertes wiederum noch tiefer ab.

Doch haben wir eines Tages für uns selbst erkannt, dass niemand den Wert unseres Selbst tatsächlich messen kann und nur wir selbst die Grundlage und bemessende Instanz sind, dann können wir uns frei machen von dem Zwang, dieses einem anderen zu beweisen. Schätzen wir uns selbst wert, dann braucht es keinen außenstehenden „Punktrichter" mehr.

Teilt ein anderer Mensch unser Gefühl und schätzt uns wert, steht einem mehr oder minder tiefen Austausch nichts im Wege. Tut er dieses nicht, dann sind wir nicht mehr bereit uns großartig einzulassen, bleiben an der Oberfläche und gehen ansonsten unserer Wege.

Durch eine tiefe Auseinandersetzung mit der eigenen Instanz des Selbst und somit der Selbstdefinition, können wir uns auf uns selbst berufen und frei machen von alten Beziehungsmustern.

Dies sind sinnbildlich alte Fallen, die uns zwar noch auffallen, in die wir aber nicht mehr oder nur noch kurzfristig tappen.

DIE ZEIT DER KOMPROMISSE IST VORBEI

Somit ist die Zeit der Kompromisse endgültig vorbei.
Wir haben nicht nur verstanden, dass Liebe, Respekt und Wertschätzung keine Einbahnstraßen sind. Lassen wir uns erneut auf einen anderen Menschen tief ein, dann sind wir es uns selbst wert, nur einen Partner an unserer Seite zu dulden, der uns ebenso wertschätzt, liebt und uns den Respekt entgegenbringt, den wir brauchen und uns selber entgegenbringen.

Haben wir früher vielleicht um genau dieses gebettelt oder gefleht, ergingen uns in Sehnsucht danach, geliebt zu werden mit unseren wunderbaren Seiten und Unzulänglichkeiten, konnten wir dies dennoch meist nie erlangen. Wir hielten vielmehr die Standarte der Hoffnung hoch. Nicht selten versuchten wir uns den Partner sozusagen schönzureden oder suchten die Schuld für das Nichterlangen unserer Träume bei uns selbst. Vermutlich waren wir auch nicht in der Lage, unsere Bedürfnisse einzufordern, wäre hierdurch ja ggf. die Beziehung gefährdet gewesen. Diese Zeit ist jetzt vorbei.

Lassen wir uns erneut auf einen anderen Menschen ein, dann können wir ihn ebenso frei lassen in seinem Wesen und ihn lieben, wie er ist. Gelingt uns dieses, dann wird es sich uns in seiner Person wiederspiegeln. Gelingt dieses nicht, dann ist er vermutlich eher nicht der richtige Partner für uns.

Das Motto ist vielmehr:
Entweder es passt oder es passt eben nicht.

Es ist schön, ihn als Partner an unserer Seite zu haben und er ist uns ein wunderbarer Spiegel unserer Liebe. Doch wirklich brauchen, um existieren und uns selbst als menschliches Wesen wahrnehmen zu können, tun wir ihn nicht.

Wir können auch alleine in unserem Leben bestehen, wenn wir dieses wollen und lassen uns nur dann auf einen anderen Menschen neu und tief ein, wenn wir selbst dazu bereit sind.

Auch hier sind wir uns selbst die oberste Instanz und entscheiden uns an der nächsten Gabelung unseres Weges eben für oder gegen eine neue Beziehung.

Wir sind weniger Spielball unserer Gefühle, sondern lassen sie vielmehr bewusst über uns kommen.

Es mag vielleicht auch einige unter uns geben, denen es gelingt, auch ohne die positive Spiegelung durch einen anderen, diesem tiefe Liebe zu schenken. Ist man sich bewusst, dass Wert und Liebe nicht in einen „Topf" gehören, und der Wert eines Menschen immer und gleichermaßen unantastbar vorhanden ist, kann eine Partnerschaft gelingen.

Doch erscheint vermutlich den meisten von uns dieses eben nicht eine ausreichende Grundlage für eine erfüllende Partnerschaft zu sein.

Wer dieses jedoch leben will und zu leben vermag, sollte dieses immer aus freiem Herzen und in bewusster Entscheidung tun.

Eine solche Form von bedingungsloser Liebe begegnet uns eher zwischen manchen Eltern und ihren Kindern in der Pubertät.

Die Liebe ist zwar immer gleichermaßen vorhanden, es knirscht aber mitunter recht heftig im sinnbildlichen Getriebe. Hierdurch ist die Spiegelung der elterlichen Liebe durch die Kinder nicht selten sehr verzerrt wahrnehmbar.

DAS EIGENE LEBEN GESTALTEN

Haben wir den Weg zu uns selbst ein Stück weit gefunden, ergeben sich für uns und unser Leben völlig neue Möglichkeiten.

In Abstimmung mit unseren Fähigkeiten und Verantwortlichkeiten, unseren eigenen Wünschen und Bedürfnissen können wir völlig neue Wege einschlagen.

Diese sind unabhängig von unserem ehemaligen Partner und unserer bisherigen Lebenswirklichkeit. Haben wir für uns erkannt, was wir aus dem alten Leben beibehalten, welche Verantwortung wir weiterhin aus diesem übernehmen, welche Verpflichtung wir aus diesem in Zukunft immer noch tragen, bleibt dennoch ein weiter Teil an eigenen Werten und Prioritäten, die wir in unser weitestgehend unabhängiges Leben neu integrieren.

Wie auch immer dies geartet sein wird:

Es liegt vor allen Dingen an uns selbst, wie wir dieses zu gestalten gedenken. Vielleicht sind die Finanzen erst mal eng, das gemeinsame Haus nicht mehr vorhanden, die Kinder nur am Wochenende um einen herum oder anderes. Dennoch sind wir selbst nicht mehr Opfer und Spielball vermeintlich höherer Gewalten, sondern vielmehr Herrscher über unser eigenes kleines Reich.

Wir selbst bestimmen weitestgehend die eigene Zukunft und unser Wohlbefinden. Die Verantwortung und Entscheidungsgewalt über den zu gehenden Weg liegt in unseren eigenen Händen.

Auch wenn es uns selbst zu Anfang möglicherweise wundersam vorkommen mag, entdecken nicht wenige Menschen an sich selbst völlig neue Seiten und setzen diese in ihrem neuen Leben um. So wird aus manchem Manager im Handumdrehen ein liebevoller Hausmann oder aus einem regelrechten Mauerblümchen, eine erfolgreich Selbständige mit einer grandiosen Geschäftsidee.

Egal was auch immer Sie aus Ihrem Leben machen wollen.

In Abwägung mit sich selbst und den realen Möglichkeiten kann und wird Ihnen dieses gelingen.

Es liegt an und in Ihnen:
Entscheiden Sie sich bewusst
für Ihren eigenen Weg,
und gehen Sie los.

Ab und an werden neue Weggabelungen auf Sie zukommen, die Sie möglicherweise zu neuen Entscheidungen auffordern. Es ist dann an Ihnen, Ihren Weg erneut zu überprüfen, ihn entweder weiter zu gehen oder ggf. die Richtung ein wenig oder komplett zu verändern.

NACHWORT

Die Hauptgründe für das Scheitern von Beziehungen liegen häufig in der Sprachlosigkeit und den unklaren Erwartungen beider Partner. Sind wir uns unserer eigenen Erwartungen und Bedürfnisse bewusst und kommunizieren diese offen und wertschätzend mit einem Partner, kann Partnerschaft gelingen.

Doch ist nicht selten im Laufe der Zeit das Maß an Missverständnissen, Enttäuschungen und gegenseitigen Verletzungen so sehr angewachsen, dass hierdurch der Beziehung die Grundlage entzogen worden ist. Sind Vertrauen und Liebe entschwunden, bleibt oftmals nur der Ausweg einer Trennung, um für sich selbst wieder ein halbwegs zufriedenes Leben führen zu können.

Der Weg, eine Trennung für sich selbst zu verarbeiten und sich neu und weitestgehend frei in die Welt stellen zu können, führt über eine tiefe Auseinandersetzung mit sich selbst.

Das Erkennen eigener Bedürfnisse und Wünsche, die Auseinandersetzung mit den eigenen Prioritäten, sowie mit an sich selbst und andere gestellte Erwartungen, das Annehmen eigener Unzulänglichkeiten ebenso wie positiver Eigenschaften, bringt uns dazu, uns selbst besser wahrzunehmen und hierdurch sozusagen mit uns selbst zu verbinden.
Diese Selbstverbindung befähigt einen jeden von uns dazu, sich selbst als höchste Instanz in sich und für das eigene Leben wahrzunehmen und sich so neu zu definieren.

Eine solche neue Definition stellt uns selbst in den Mittelpunkt:

So sind wir ein jeder in erster Linie ein einzigartiger Mensch mit uns eigenen Gefühlen und Bedürfnissen, Wünschen und Träumen, Eigenschaften und Prioritäten.
Diese bewusst wahrzunehmen, sie anzunehmen und zu leben ist gleichbedeutend damit, die volle Verantwortung für unser Glück und unser ganzes Leben zu übernehmen.

DER SEGLER[5]

Das Schiff treibt im Sturm der Gefühle mal hier-, mal dorthin.
Von Welle zu Welle spritzt hoch auf die Gischt.
Das Schiff ist ein Spielball höherer Gewalten. Das Meer ist in Wallung – alles dreht sich, alles strudelt – ob oben, unten, links und rechts . . .   Der Segler weiß nicht mehr wohin.
Einst blähten seichte Winde ruhig die Segel, schaukelten liebliche Wellen sanft das Schiff.
Doch nun reißt der Wind die Segel aus den Nähten, der Mast bricht, der Segler geht über Bord und keine Rettung ist in Sicht. – Doch, dort treibt eine Planke, an der hält er sich.
Irgendwann spuckt ihn der Sturm an Land. Kraftlos liegt er in der Brandung, sein Schiff ist längst zerschollen.
Da ragt ein Baum über die Klippen, schwach hebt er die Hand und zieht sich aus dem kalten Wasser, lehnt sich an den Baumstamm und hebt erschöpft den Blick hinaus aufs tobende Meer. Noch ist er der Gefahr nicht entronnen, die Springflut steigt und der Sturm nimmt zu.
Der Segler schleppt sich auf die Klippen, steht wankend auf und taumelt zu der alten Fischerhütte, die sich eng an die Felsen duckt. Die schiefe Tür schlägt im Wind.
Drinnen fällt er auf ein altes Lager und schläft ein. Er träumt von einer anderen Zeit, als alles leicht war, sanft und rein . . . goldenes Licht hüllt ihn ein.
Er schreckt auf – ein Knall! – was war das? Der Sturm peitscht die Gischt bis zur Hütte hinauf. Das Fenster ist aufgerissen und klappert im Wind. Die Hütte zittert, doch ist sie fest und solide gebaut.
Der Segler sinkt erneut aufs Lager und ruht sich aus, während draußen langsam der Sturm verebbt . . .
Nach einiger Zeit hat sich der Segler erholt, er steht auf den Klippen und schaut über das brausende Meer. Er baut sich ein Floß und sinnt darüber nach, wann er es zu Wasser lassen kann.

---

5 Milan, U.Z., Traumwirklich- Gedichte und mehr..., S. 57-58, Norderstedt, BOD, (2011)

Es ist sein erstes ureigenes Floß, an manchen Stellen noch nicht
so stabil, aber stärker, als so manch von anderer Hand gebautes
Schiff. Er ist stolz und hat Angst zugleich.
Doch so sehr ihm der Schiffbruch auch in Gesicht und Herz geschnitten ist, ein Segler muss aufs Meer hinaus und seine Be-
stimmung leben...

       ...Eines Tages wagt er es und segelt über Ozeane,
auf zu neuen Ufern. Ist sich seiner Stärke voll bewusst und über-
steht die stärksten Stürme.

VERZEICHNIS DER ÜBUNGEN

VERTIEFENDE LITERATUR

* Milan, U.Z.; *Traumwirklich- Gedichte und mehr...*;
Norderstedt, BOD (2011, 2.Aufl.)

Liebe und Partnerschaft
* Kirschner, J.; *Das Partner Training*;
München; Knaur (2003)

* Meyer, H.; *Jeder bekommt den Partner, den er verdient*;
München, Arkana (2009, überarbeitete Ausgabe)

* Precht, Richard David.; *Liebe ein unordentliches Gefühl*;
München, Arkana (2011)

* Schulz von Thun, F.; *Miteinander reden 1[....]*;
Hamburg, Rowohlt (2008, Sonderaufl.)

Trennung und Konflikte
* Diez, Krabbe, Thomsen; *Familien-Mediation und Kinder*;
Köln, Bundesanzeiger (2009, 3. Aufl.)

* Jiranek, H.; Edmüller, A.; *Konfliktmanagement*;
München, Haufe (2007, 2. Aufl.)

* Kirschner, J.; *Die Kunst ohne Angst zu leben*;
München; Knaur (1983)

* Kübler-Ross, E., Kessler, D.; *Dem Leben neu vertrauen.
Den Sinn des Trauerns durch fünf Stadien des Verlusts finden.*;
Stuttgart, Kreuz (2006)

* Miller, M.V.; *Wenn die Liebe Angst macht*;
Freiburg, Herder (1999)

* Möde, E. Hrsg.; *Trennung und Scheidung*;
Regensburg, Pustet (2004)

* Preuschendorf, G.; *Aschenputtels Geheimnis*;
Freiburg, Herder (2006)

* Schulz von Thun, F.; *Miteinander reden 2[....]*;
Hamburg, Rowohlt (2008, Sonderaufl.)

<u>Selbstwert</u>

* Branden, N.; *Die 6 Säulen des Selbstwertgefühls*;
München, Piper (2005, TB)

* Lelord, F; André, C; *Die Kunst der Selbstachtung*;
Berlin, Aufbau (2008, 3. Aufl.)

<u>Selbstdefinition und Willensbildung</u>

* Bambaren, S.; *Ein Strand für meine Träume*;
München, Piper (1999)

* Bieri, P.; *Das Handwerk der Freiheit*
Über die Entdeckung des eigenen Willens;
München, Hanser (2001)

* Fromm, E.; *Authentisch leben*; Freiburg,
Herder (2009, 6.Aufl.)

* Kast, B; *Wie der Bauch dem Kopf beim Denken hilft*;
Frankfurt am Main, S. Fischer (2007)

* Mary, M., Nordholt, H.; *Change Lust auf Veränderung*;
Bergisch Gladbach, Bastei Lübbe (2004)

* Rogers, C.R.; *Der neue Mensch*;
Stuttgart, Klett- Cotta (1981)

* Schulz von Thun, F.; *Miteinander reden 3 Das „innere Team"[....]*;
Hamburg, Rowohlt (2008, Sonderaufl.)

* Zehentbauer, J.; *Abenteuer Seele*;
Düsseldorf, Walter (2000)

Die Vergangenheit sein lassen,
der Gegenwart begegnen
und offen in die Zukunft treten…

So sei ein jeder Tag,
             Dein Leben!

(U.Z. Milan, Okt. 2011)